한 번뿐인
네 인생,
네 뜻대로
살아라!

# 한 번뿐인 네 인생,
# 네 뜻대로 살아라!

초판 1쇄 인쇄 2022년 12월 2일
초판 1쇄 발행 2022년 12월 10일

지 은 이  정운현
펴 낸 이  전익균

이      사  정정오, 김영진, 김기충
기      획  권태형, 백현서, 조양제
편      집  김정
디 자 인  페이지제로
관      리  김희선, 유민정
개      발  신두인
언론홍보  (주)새빛컴즈
마 케 팅  팀메이츠

펴낸곳 새빛북스
전화 (02) 2203-1996, (031) 427-4399 팩스 (050) 4328-4393
출판문의 및 원고투고 이메일 svcoms@naver.com
등록번호 제215-92-61832호 등록일자 2010. 7. 12

값 16,000원              ,
ISBN 979-11-91517-33-0  03190

# 한 번뿐인
# 네 인생,
# 네 뜻대로
# 살아라!

자신의 뜻을 살려 세상에 큰 흔적을 남긴
12인의 이야기

정운현 지음

우리 인생은 한 번뿐이다. 결코 두 번의 기회는 없다. 영웅호걸도 장삼이사도 다 똑같다. 오직 단 한 번의 기회만이 있을 뿐이다. 삶의 형태나 내면의 차이는 있겠지만 한 번의 기회만은 모두에게 똑같다.

오직 한 번뿐인 인생, 어떻게 살 것인가? 어떻게 살아야 후회 없이 산 삶이 될 것인가? 간단하다. 자기 뜻대로 살면 된다. 그것이 가장 잘 산 삶이다. 누구도 대신 살아줄 수 없는 인생이라면 네 뜻대로 살아야 후회가 없다. 죽기 전에 후회가 있다면 그건 잘 산 삶이 아니다.

최희준과 김상희는 명문대 법대를 나왔다. 그러나 두 사람은 가수의 길을 택했다. 홍혜걸과 김철중은 의사를 하다가 도중에 기자로 변신했다. 다 자기 뜻대로 자기가 하고 싶은 일을 택했다. 자기 뜻을 관철한 그들은 행복했을 것이다. 그들이 대학의 전공에 얽매여 살았다면 덜 행복했을 것이다.

자기 뜻대로 산다는 건 어떤 의미일까? 뜻은 곧 마음이니 네 마음대로 살라는 의미이다. 사람의 마음은 그 사람의 자질과 성향에서 생겨난다. 네 속에 바라는 바가 있고 행하고 싶은 것이 있으면 그것이 곧 네 마음이다. 그 마음대로 하면 매사가 자연스럽고 원만할 것이다. 때론 미움받을 용기도 필요하다.

그런데 사람들은 왜 제 뜻대로 살지 못하는 것일까? 체면과 눈치 때문이다. 주변의 시선을 너무 의식하고 살기 때문이다. 그들에게는 '나만의 나'는 없다. 오직 가정 속의 나, 조직 속의 나, 세상 속의 나만 존재할 뿐이다. 네 뜻대로 산다고 해서 남에게 해를 끼치거나 방종이나 고립을 뜻하는 건 아니다.

네 뜻대로 살다 보면 때론 불이익을 당하기도 한다. 그건 치러야 할 대가라면 대가다. 그 대신 무한한 자유를 얻게 된다. 지공 선사가 말했다. "울안의 닭은 배불러도 솥 안에 삶아지고 들판의 학은 배고파도 천지가 자유롭다"라고. 닭장 속의 배부른 닭이 될 것인가, 아니면 들판의 자유로운 학이 될 것인가.

사랑도 결혼도 두 번, 세 번 할 수 있고, 직장도 두 번 세
번 옮길 수 있다. 그러나 인생은 절대로 두 번의 기회가 없
다. 한 번 살고 나면 그걸로 끝이다. 그러니 이제부터라도 남
은 삶은 네 뜻대로 살아라. 그래야 네가 하는 일 잘 되고 만
족스러울 것이다. 무엇보다도 죽을 때 후회가 없을 것이다.

## '죽을 때 후회하는 다섯 가지'

일전에 〈죽을 때 가장 후회하는 다섯 가지〉라는 책을
소개한 기사를 읽은 적이 있다. 이 책의 저자는 호주의 한
요양병원에서 말기 환자를 돌보던 간호사였다. 그는 수년간
말기 환자 병동에서 일하면서 죽음의 문턱에 놓인 이들의
마지막 이야기를 듣고 기록했다. 그가 관찰한 시한부 환자
들이 가장 후회하는 다섯 가지는 아래와 같다고 한다.

첫째, 자신이 원하는 삶을 살지 못한 점
둘째, 일을 너무 열심히 한 점
셋째, 감정 표현에 솔직하지 못했던 점
넷째, 친구들과 자주 연락하며 가까이 지내지 못한 점

위 내용을 한 마디로 압축하면, 결국 내 인생을 내 뜻대로 살지 못했다는 얘기다. 직장생활에 얽매이고, 기존 질서에 순응하고, 주변의 시선을 의식하며 사느라 나는 온 데 간 데가 없다. 즉, 타인의 삶을 살았다는 얘기가 된다. 열에 아홉은 다 이런 인생을 살다가 죽는다.

그런데 만약 내 뜻대로 결단을 내렸다면 어찌 됐을까? 나 자신을 좀 더 사랑했더라면 내 인생은 어찌 됐을까? 그리했다면 내가 원하는 삶을 살 수 있었을 것이다. 또 너무 일에만 매달리지도 않았을 것이다. 그랬다면 내 삶은 훨씬 더 행복했을 것이고, 죽음에 앞서 후회도 하지 않았을 것이다.

한 점 후회 없이 살기란 말처럼 쉽지 않다. 세상의 보편 상식과 기존 질서를 따르다 보면 운신의 폭이 좁은 것도 현실이다. 그러나 제약된 삶 속에서도 내가 결단을 내리고 밀고 나가야 한다. 그리하면 지금보다는 훨씬 더 주체적인 나로서 살 수 있다. 그래야 나중에 후회가 없다.

직장생활을 하면서도 내 뜻대로 사는 사람도 있다. 큰 욕심을 버리고 소박한 마음으로 살면 가능하다. 동기들 과장 달 때 과장 달고, 동기들 임원 될 때 임원 될 생각을 버리면 가능도 하다. 하나를 얻으면 하나를 잃을 생각도 할 줄 알아야 한다. 양손에 떡을 쥘 순 없다.

우리 인생, 길지 않다. 100년 살기도 쉽지 않다. 지금 우리는 종착역을 향해 논스톱으로 달리는 기차에 올라타 있다. 우리 손에는 편도 티켓 한 장뿐이다. 중간에 내릴 수도 없고, 다른 기차를 갈아탈 수도 없다. 그렇다면 우리는 그 여정을 내 뜻대로 최대한 즐겨야 하지 않겠는가.

동서고금의 역사에서 내 뜻대로 산 열두 분을 뽑았다. 명성이나 수준의 차이는 있겠지만, 자신의 뜻대로 살았다는 점만은 모두 같다. 집필하면서 해당 인물들의 자서전이나 일대기, 평전 등을 참고하였다. 저자분들께 감사드린다.

2022년 11월
일산 우거에서
정운현

차 례

왕위 계승
포기,
구도자 길 걸은

석가모니

"내 이제 감로의 문을 여나니
 귀 있는 자는 들어라!
 낡은 믿음을 버리고"

세습 왕조시대에 왕위 승계자가 왕좌王座를 포기한 사례는 흔치 않다. 석가모니 부처님은 북인도 한 부족국가의 왕자로 태어났다. 그러나 그는 중생 구제에 한 몸을 바치기로 뜻을 세우고는 왕위 계승을 기꺼이 포기했다. 출가 당시 이미 결혼하여 아이까지 있었지만 끝내 자신의 뜻을 굽히지 않았다. 수도 생활과 고행으로 육신은 힘들었지만 이를 극복하고 불교를 창시하여 마침내 위대한 성자聖者로 우뚝 섰다.

## 석가모니, '석가족 출신의 성자'

석가모니는 기원전 624년 사월 초파일, 북인도의 16국 가운데 하나인 꼬살라 왕국 사꺄 부족국의 왕자로 태어났다. 본명은 고타마 싯닷타<sup>Gotama Siddhattha</sup>. '석가<sup>釋迦</sup>'는 이곳에 살고 있던 사꺄<sup>Sakya</sup>라 불리는 부족을 일컫는 말이며, '모니<sup>牟尼</sup>'는 성자를 의미하는 무니<sup>muni</sup>에서 유래했다. 따라서 석가모니란 '석가족 출신의 성자'라는 뜻이다.

흔히 석가모니는 세존<sup>世尊</sup>, 붓다 등으로도 불린다. '붓다'는 중국에서 이를 음사하여 '불타<sup>佛陀</sup>'라 하고, 약칭으로 '불<sup>佛</sup>'이라고도 부른다. 불교에서 붓다는 '깨달은 자'를 뜻하며, 신앙의 대상이 되는 구제자로서 다수의 붓다를 상정하여 소위 '부처'로 통용되기도 한다.

석가모니의 아버지는 석가족의 우두머리인 숫도다나<sup>淨飯</sup> 왕이며, 어머니는 꼴리야족 왕의 딸 마야<sup>摩耶</sup> 부인이다. 마야 부인은 오랫동안 아이를 낳지 못했다. 그러다가 45세 때 여섯 개의 이빨을 황금으로 치장한 흰 코끼리가 오른쪽 옆구리로 들어오는 태몽을 꾸고 아이를 가졌다. 이를 두고 국사는 "전륜성왕<sup>轉輪聖王·이상적인 제왕</sup>이 될 왕자를 잉태한 것"이라고 풀이했다. 이 말을 듣고 기뻐한 숫도다나 왕은 네 성문을 열어 가난한 자들에게 음식과 의복을 나눠주었다.

출산일이 다가오자 마야 부인은 당시 인도 관습에 따라 친정에서 해산하고자 꼴리야로 향했다. 도중에 마야 부인은 꼴리야의 룸비니 동산의 아소까<sup>無憂</sup> 나무 아래에서 산통도 없이 선 자리에서 아기를 낳았다. 오른쪽 옆구리에서 태어난 아기는 오른손은 하늘을 가리키고, 왼손은 땅을 가리키며, 사방으로 일곱 걸음을 걸으면서 사자처럼 당당하게 말하였다.

하늘 위 하늘 아래
내 오직 존귀하나니
온통 괴로움에 휩싸인 삼계三界
내 마땅히 안온하게 하리라

아기가 걸음을 옮길 때마다 수레바퀴만큼 큰 연꽃이 땅에서 솟아올라 아기 발을 받들었으며, 천지가 진동하고 삼천대천세계가 밝게 빛났다. 사방에서 몰려온 천신들이 지켜보는 가운데 아홉 마리의 용이 따뜻한 물과 차가운 물을 뿌려 아기를 목욕시켰으며, 하늘에서는 꽃비가 내렸다.

왕비의 출산 소식을 듣고 숫도다나 왕은 룸비니로 달려왔다. 왕은 바라문과 선인들을 초청해 왕자의 상호와 운명을 살펴봐달라고 부탁했다. 8명의 바라문은 "왕자의 몸에 서른두 가지 대장부의 상호가 빠짐없이 갖춰져 있다"며 "무력을 쓰지 않고 전 세계를 지배하는 전륜성왕이 될 것"이라고 예언했다. 왕은 아기의 발에 예배하고는 아기의 이름을 '고타마 싯닷타悉達多'라고 지었다. 고타마는 '가장 탁월한 수소'를, 싯닷타는 산스크리트로 '목적을 달성한 자'라는 뜻이다.

그러나 기쁨도 잠시, 마야 부인이 아기를 출산한 지 7일 만에 사망하였다. 이후 싯닷타는 이모 마하빠자빠띠 손에서 자랐다. 왕자가 태어난 후 주변국들과의 마찰은 거짓말처럼 사라졌고, 순조로운 비바람에 들녘은 풍성해졌으며, 풀이 무성한 언덕에는 송아지와 새끼 양들의 울음소리로 요란했다. 풍속은 또 절로 화평해졌다. 사람들은 이 모두가 왕자의 공덕이라고 여기며 왕자를 친견하기를 바랐다.

싯닷타가 일곱 살 되던 해 숫도다나 왕은 공부에 필요한 학당을 세우고 오백 명의 샤까족 자제들을 선발하였다. 싯닷타는 명망과 학덕을 갖춘 스승 밑에서 언어학, 천문학, 수학, 경제학, 수사학, 논리학, 음악, 기예는 물론 승마, 창술, 궁술, 격투기, 수영 등 29종의 군사학도 배웠다. 싯닷타는 마치 마른 헝겊이 물기를 흡수하듯 착실히 학습하여 자애로운 품성과 재능이 넘치는 전륜성왕의 길을 걸어갔다.

히말라야 산록의 비옥한 토지에 자리 잡은 사까 족은 벼농사가 주업이었다. 새봄이 되면 파종에 앞서 올리는 농경제農耕祭는 사까 족의 중요한 연례 행사였다. 사까 족의 미래를 이끌 태자 역시 농경제에 참석해 하늘과 땅에 풍작을 기원하고 백성들을 격려하였다. 어느 해, 농경제에 참석한 태자는 행사장에서 빠져나와 잠시 황량한 들판을 걸었다. 거기서 태자는 농부들을 만나게 되었다. 그들의 몰골은 초췌했고, 그들의 채찍질에 소 등짝은 피로 흥건했다. 그 광경을 보고 태자는 가슴이 아팠다. 태자는 한적한 숲속의 잠부나무 아래에서 사색에 잠기며 선정禪定에 들었다. 선정이란 마음의 안정을 찾는 좌선의 일종이다.

## "수행자의 길을 걷고 싶습니다"

태자 나이 19세가 되자 혼담이 오갔다. 최종 상대는 꼴리야의 공주 야소다라로 정해졌다. 숫도다나 왕은 태자 부부를 위해 세 개의 궁전을 지어 우기와 여름철, 겨울철에 각각 머물게 하였다. 두 사람의 결혼생활은 행복했다. 그해 새봄을 맞아 왕족들이 봄놀이를 나섰다. 궁궐의 동문을 나서 굽잇길을 돌아서던 중 갑자기 수레가 멈췄다. 갑자기 튀어나온 노인 때문이었다. 초라한 행색의 그 노인을 보고 태자는 '늙는다는 것은 참 서글픈 일이구나'라고 생각했다.

얼마 뒤 남쪽 성문 길가에 거적때기를 둘러쓴 귀신 몰

골을 한 사람이 누워 있었다. 그 병자는 피를 흘리며 고통을 호소하였다. 다시 서문을 나서다가 이번에는 장례 행렬을 목격하였다. 머리를 풀어 헤친 그들은 망자의 옷자락을 붙들고 울부짖고 있었다. 동산으로 향하던 태자는 말머리를 돌려 궁궐로 돌아왔다. 그러고는 부왕에게 미루고 미루었던 말을 마침내 꺼냈다.

"아버지, 저는 수행자의 길을 걷고 싶습니다."

숫도다나 왕은 불같이 화를 내며 아들의 청을 허락하지 않았다. 태자는 가업을 이어 왕위에 오를 몸이었다. 태자의 안쓰러운 모습에 숫도다나 왕은 노기를 누그러뜨리며 말했다.

"제발 마음을 돌려 이 나라. 이 가문을 생각해다오. 네 소원은 무엇이든 다 들어 줄 테니 출가하겠다는 말만은 말아다오."

그러자 태자가 네 가지 소원을 들어주면 출가하지 않겠다며 첫째, 늙지 않게 해달라, 둘째, 병들지 않고 건강하게 해달라, 셋째, 죽지 않고 영원히 살게 해달라, 넷째, 사랑하는 사람과 영원히 이별하지 않게 해달라고 부왕에게 부탁했다. 이 넷은 부왕으로서는 들어줄 수 없는 부탁이었다. 부왕은 신하들에게 태자의 경호를 배로 늘리고 성곽 경비를 철저히 하라고 엄명을 내렸다.

태자가 29세가 되던 해 봄이었다. 궁궐 안에서 사색하며 혼자 지내고 있던 태자는 사촌들의 권유로 북문 밖으로 봄놀이를 나섰다. 도중에 태자는 사문沙門으로 불리는 수행자를 만나게 되었다. 그는 거친 옷을 입고 있었으나 눈빛은 강렬했고, 부드러운 걸음걸이는 강물처럼 평온했다. 태자는 수레에서 내려 수행자에게 다가갔다. 화려한 장신구와 황금신발의 권위에도 그는 고개를 숙이지 않고 당당했다. 태자는 설레는 마음으로 그에게 물었다.

"사문이여, 어디로 가는 길이십니까?" "바람이 머무는 곳은 정해져 있지 않습니다. 새들의 재산이 두 날개뿐이듯, 그저 옷 한 벌과 그릇 하나로 자유롭게 세상을 떠돌 뿐입니다."

"그렇게 떠도는 까닭은 무엇입니까?"

"저는 지난날 늙고 병들어 죽는 삶의 고통을 직접 겪고 모든 것이 덧없음을 알았습니다. 사랑과 애착에 얽힌 삶의 굴레 속에서 그 슬픔과 고통을 벗어날 길은 없었습니다. 저는 이 고뇌를 벗어나기 위해 친족과 벗들의 울타리를 뛰어넘었습니다."

태자는 남루한 수행자의 두 발에 정중히 예를 올렸다. 태자에게 그날의 나들이는 참으로 유쾌했다. 다들 기뻐할 일이 또 있었다. 태자비가 아들을 낳았다. 그러나 태자는 가만히 하늘을 올려다보며 혼자 말했다.

"라훌라가 태어났구나. 속박을 낳았구나."


　태자는 서둘러 궁궐로 돌아왔다. 궁궐에서는 새로운 왕자의 탄생을 축하하며 7일간 밤낮으로 잔치를 벌였다.

　그러던 어느 날 밤, 태자는 태자비의 방을 찾았다. 야소다라는 깊은 잠에 빠져 있었고, 아이는 엄마 품에서 꼬물거리며 방긋거렸다. 아이의 얼굴을 한참 들여다본 후 방을 나왔다. 그러고는 시종을 불러 말에 안장을 얹으라고 지시했다. 그는 성 문턱을 넘으며 다짐하였다. 늙고 병들고 죽어야만 하는 이 고통과 근심을 해결하지 못한다면 고향으로 돌아오지 않으리라, 최상의 진리를 얻기 전엔 결코 나를 키워주신 마하빠자빠띠와 아내를 다시 찾지 않으리라고.

　동쪽 하늘이 밝아올 무렵 태자는 시종에게 말과 함께 궁으로 돌아가라고 밀했다. 시종은 왕궁으로 되돌아가지고 애원했으나 태자의 결심을 돌릴 수는 없었다. 태자는 칼을 꺼내 자신의 머리카락을 잘라버리고 상투를 장식했던 화려한 구슬을 시종에게 주었다. 시종은 함께 데려가 달라고 부탁하였으나 끝내 뿌리쳤다. 태자는 신고 있던 황금신발도 벗어버리고 낯선 풍경 속으로 걸어갔다. 태자 나이 29세 되던 기원전 595년 2월 8일의 일이었다.

숲속으로 들어간 태자는 사냥꾼과 옷을 바꿔 입었다. 그러고는 강렬한 뙤약볕 아래 맨발로 걸어갔다. 끼니가 되어도 먹을 수 없었고, 잠자리도 편치 않았다. 난생처음으로 굶주림과 고달픔을 느꼈다. 그때 태자를 뒤쫓던 부왕의 신하들이 그를 발견하였다. 신하들은 궁으로 돌아갈 것을 권하였다. 태자는 "늙고 병들어 죽어야만 하는 고통과 두려움을 끊고자 출가했으며, 그 길은 궁에서 찾을 수 없다."며 거절하였다. 금강석처럼 굳건한 태자의 의지를 신하들도 꺾을 수 없었다. 신하들 가운데 다섯 명은 궁궐로 돌아가지 않고 그를 따랐다.

숲속에서 고행하는 수행자들의 차림새와 수행법은 가지각색이었다. 그들은 온갖 고통 덩어리인 육체를 학대하고 괴롭혀서 스스로 정화하여 내세에 안락한 생활을 누리기를 소원했다. 태자는 그들의 수행 방식은 자신이 찾는 길이 아니라고 여겨 다시 길을 떠났다. 이번에는 16세에 출가해 104년째 수행하고 있는 웨살리의 선인 알라라깔라마를 찾아갔다. 그는 자신이 터득한 최고의 경지는 무소유처정無所有處定이라고 했다. 태자는 열심히 수행한 끝에 오래지 않아 무소유처삼매를 경험하였다. 태자는 이 선정으로는 고뇌와 탐착을 떨칠 수 없다고 판단해 새 스승을 찾아 남쪽 마가

다국으로 향했다.

마가다국의 라자가하는 새로운 문물과 혁신적인 사상가들로 넘치는 도시였다. 직접적인 체험과 자유로운 사고로 무장한 그들을 사문沙門이라고 불렀다. 웃다까라마뿟따는 칠백 명의 제자를 거느린 사문의 지도자였다. 그는 태자에게 "해탈이란 생각이 있는 것도 아니고 없는 것도 아닌 경지인 비상비비상처정非想非非想處定"이라며 이는 모든 고통으로부터의 해탈이라고 설명했다. 태자는 이번에도 열심히 수행한 끝에 오래지 않아 이를 체험하였다. 그러자 웃다까라마뿟따는 태자에게 같이 교단을 이끌자며 머물기를 청하였다. 그러나 태자는 '나'라는 관념을 모두 없애야만 진성한 해탈을 이룰 수 있다며 다시 남쪽으로 향하였다.

남쪽으로 내려와 가야산 꼭대기에 오른 태자는 깊은 생각에 잠겼다. 길고 긴 고통의 원인인 번뇌와 속박을 어떻게 하면 태워버릴 수 있단 말인가, 번뇌와 속박을 태워버릴 불은 어떻게 지필 수 있을 것인가. 그때 문득 태자에게 선명한 생각이 떠올랐다.

"물에 축축하게 젖은 나무토막으로는 불을 피울 수 없다. 그 사람은 소득도 없이 피곤하기만 할 뿐이다. 현재의 몸과 마음을 오욕五慾의 강물에 내던지지 못하는 사문, 바라문들은 모진 고행을 하더라도 진리를 깨닫지 못한다. 반면 땅 위의 바짝 마른 나무토막으로는 불을 피울 수 있다. 바짝 마른 나무토막에 부싯돌을 켜는 것처럼 분명 소득이 있다."

태자는 더 이상 스승이 필요치 않다고 판단했다. 올바른 고행을 통해 최고의 깨달음에 도달할 수 있다는 믿음을 갖고 고행자들이 머무르는 숲에서 발길을 멈췄다. 그곳은 수행하기에는 더없이 좋은 곳이었다. 그런데 숲속 생활에는 두려움과 공포가 도사리고 있었다. 태자는 공포의 실상을 확인하기 위해 깊고 어두운 숲속으로 들어갔다. 태자는 시시각각으로 찾아드는 공포와 전율을 피하지 않고 정면으로 맞서 극복하였다. 심신의 선하지 못한 업을 태워버리기 위해 처절한 고행을 시작하였다. 나무뿌리나 떨어진 열매를 주워 먹거나 누더기 베옷을 입고 지냈다. 태자는 숲에서 가장 남루한 사람이 되었다.

태자는 호흡을 멈추는 고행을 시도하였다. 이빨을 앙다물고 혀끝을 세워 목구멍을 막아 몸과 마음을 압박했다. 통증을 견디기 어려웠다. 이번에는 입과 코뿐만 아니라 귀도 막았다. 다시 몸의 모든 구멍을 막아 숨쉬기를 멈춰도 보았다. 그러나 호흡을 멈추는 고행으로는 만족스러운 결과를 얻지 못하자 이번에는 음식을 먹지 않기로 했다. 얼마 뒤 태자는 마른 넝쿨처럼 뼈마디가 불거지고 엉덩이는 낙타의 발처럼 말라버렸다. 뱃가죽을 만져보려고 손을 뻗으면 등뼈가 만져지고, 움푹 팬 얼굴에선 눈동자만 반짝거렸다. 오린 목동들이 태자에게 다가와 침을 뱉고 오줌을 싸기도 했다. 한 마디로 사투의 고행이었다.

그러나 이 같은 고행도 만족스러운 결과를 가져다주지 못했다. 격렬한 고통을 감수하면서 고행을 했건만 해탈은커녕 성스럽고 거룩한 진리의 실마리조차 찾지 못하였다. 태자는 깨달음으로 가는 길은 다른 데 있다고 생각했다. 육신을 학대하는 수행은 극심한 고통만 안겼을 뿐 깨달음의 방편이 될 수 없었다. 그때 문득 농경제에 참석했다가 잠부나무 그늘에서 선정에 들었던 일이 떠올랐다. 그때 태자는 사유를 통해 애욕을 떠남으로써 희열을 느꼈다. 되돌아보니 그것이 바로 깨달음의 입구였던 것이다. 고행으로 망가진 몸으로는 선정의 기쁨을 맞을 수 없다고 확신한 태자는 단식을 끝내고 밥을 먹기로 하였다.

## 보리수 아래서 깨달음 성취

우유죽을 먹고 기운을 차린 태자는 보리수 아래 자리를 잡고 앉았다. 태자는 애욕과 선하지 못한 생각들을 떨쳐내고 기쁨이 가득한 선정의 첫 단계에 도달하였다. 이어 깨끗해진 마음으로 삼매에서 생긴 즐거움이 가득한 두 번째 단계에 도달하였다. 이어 기쁨에 대한 탐착마저 떠나 몸이 가볍고 편안해진 세 번째 단계에 도달하였으며, 끝으로 괴롭지도 즐겁지도 않은 청정한 선정의 네 번째 단계에 마침내 도달하였다. 태자에게 더 이상 번뇌는 남아 있지 않았다. 비로소 태자는 가장 높고 바른 깨달음을 성취하였다. 이 땅에 오신 지 35년, 진리를 찾아 집을 나선 지 6년째인 기원전 589년 12월 8일이었다.

천인들과 보살들이 찾아와 새로운 부처의 출현을 찬양하였다. 온 세상이 찬란한 빛으로 가득 차고 대지와 강물은 기쁨으로 요동쳤다. 구름처럼 모여든 천인들은 일제히 꽃을 뿌렸다. 부처님은 보리수 아래에서 7일 동안 고요히 앉아 해탈의 즐거움을 누렸다. 어렵게 도달한 이 깨달음은 완벽하고 결함이 없었다. 갑자기 제석천이 나타나 부처님께 법을 설하여 달라고 청하였다. 부처님께서 마침내 세상을 향해 사자처럼 늠름하게 선언하였다.

내 이제 감로의 문을 여나니
귀 있는 자는 들어라!
낡은 믿음을 버리고

부처님은 천 명의 제자들과 함께 마가다국의 수도 라자
가하로 향하였다. 마가다국의 빔비사라 왕은 부처님과 제
자들에게 죽림竹林에 거처 겸 도량을 지어 바쳤다. 교단 최초
의 도량인 죽림정사竹林精舍는 이렇게 탄생하였다. 부처님께
서 성도成道하신 후 첫해, 빔비사라 왕의 나이 31세 때였다.

죽림정사에 터전을 잡은 부처님 교단은 1,250명으로 구
성된 큰 승가로 변모하였다. 마가다국 제1의 바라문이 되었
다. 출가자와 귀의하는 사람들이 많아지면서 내부에서 문
제들이 생겨났다. 이에 부처님께서 승가의 위계와 질서를
유지하기 위해 출가자들의 입단 절차를 제도화시켰다. 우
선 비구가 되려면 구족계具足戒를 받도록 하였다. 구족계를
받으려는 자는 먼저 자신의 화상和尙을 선택해 평생 스승으
로 모시고 세속의 부자간처럼 서로 보살피고 돌보도록 하
였다. 출가승들의 집단생활 조직을 상가Samgha라고 부르는데
승가대학이라고 할 때 '승가僧伽'는 여기서 따온 말이다.
승가는 세속에서의 나이와 경력과 관계없이 먼저 출가

하여 구족계를 받은 사람을 우대하였다. 구족계는 만 20세가 넘은 성인에게만 허락하였는데, 정식 비구로 인정받기 전의 출가자들을 사미<sup>沙彌</sup>라고 불렀다. 출가 생활의 기본 방침으로 4의지<sup>依止</sup>와 성행위를 금지하였으며, 안거<sup>安居</sup> 규정도 만들어 우기 동안에는 한곳에 거주하면서 초목을 밟거나 동물들에게 피해를 주지 않도록 하였다. 안거 마지막 날에는 함께 모여 토로하고 참회하는 자자<sup>自恣</sup> 의식을 행하였다. 사부대중<sup>四部大衆</sup>은 남성 출가자를 비구, 여성 출가자를 비구니, 남자 재가<sup>在家</sup> 신도를 우바새, 여자 재가 신도를 우바이라고 불렀다.

성도 2년 차에 부왕은 부처님에게 사신을 보내 초대하였다. 무려 아홉 차례나 사신을 파견하였으나 그들 모두 출가하였다. 부처님이 까삘라왓투에 도착하자 백성들은 길을 청소하고 꽃을 뿌리며 영웅의 귀환을 맞았다. 부처님은 궁궐 대신 성 밖 니그로다 숲에서 부왕을 맞았다. 부왕은 부처님의 초라한 행색을 보고 실망하였다. 이튿날 아침, 부처님 일행은 거리로 나가 걸식을 하였다. 그 모습을 본 부왕은 다시 탄식하였다. 그러나 부처님은 이미 숫도다나 왕의 아들이 아니었다. 부왕은 부처님을 궁궐로 식사 초대를 하였다. 식사 후 부처님은 부왕의 권유로 아내 야소다라의 방을 찾았다. 야소다라는 꿈에도 그리던 남편 부처님의 발아래로 쓰러져 울었다.

　진짜 충격적인 일은 그다음부터였다. 부왕의 왕위를 계승하는 동생 난다가 결혼식 겸 대관식 날 출가하였다. 또 부처님의 속가의 아들인 라홀라도 출가하였다. 라홀라는 나이가 어려서 사미로 받아주었다. 이 소식을 들은 숫도다나 왕은 충격을 받고 쓰러지고 말았다. 라홀라를 놓아달라는 부왕의 간절한 애원을 듣고서 부모가 동의하지 않은 소년들은 출가를 금지시켰다. 부처님은 8일간의 고향 방문을 마치고 새로 출가한 비구들과 함께 까삘라를 떠났다. 도중에 망고 숲에 잠시 머무는 동안 사꺄 족 왕자 아난다 등 6명이 재산과 권력을 버리고 부처님을 따라 출가하였다.

　마가다국과 꼬살라국은 인도 남북의 맹주이자 정치적 동맹관계를 맺고 있었다. 빠세나디 꼬살라 왕은 국제적 감각을 지닌 실력자였다. 부처님의 부족인 사꺄 족은 꼬살라국 보호 아래에 있었다. 빠세나디 왕은 왕비의 권유로 부처님을 만났으나 머리를 숙이지 않았다. 그러면서 "고타마께서는 나이도 젊고 수행 기간도 길지 않은데 어찌 그리 자신하느냐?"라고 물었다. 존경받는 수행자에게 씨족의 이름을 부르는 것은 모욕이었다. 부처님은 미소를 지으며 말했다.

"대왕이여, 이 세상에 아무리 작아도 가볍게 볼 수 없는 것이 네 가지가 있습니다. 왕자, 독사, 불씨, 수행자 이 네 가지는 아무리 작아도 가벼이 보아서는 안 됩니다."

이 말에 대해 부처님이 설명을 보탰다. 왕자가 나이가 어리다고 예의를 갖추지 않으면 나중에 그 왕자가 왕이 된 후에 보복을 당할 수 있다. 또 독사는 아무리 작아도 그 맹독으로 큰 코끼리도 죽일 수 있으며, 불씨는 아무리 작아도 조심하지 않으면 산과 들을 모조리 태울 수 있다. 그리고 수행자는 아무리 어려도 청정한 계율을 갖추고 열심히 지혜를 닦으면 아라한이 될 수 있다. 번뇌의 뿌리를 뽑아버린 아라한은 공손한 예배를 받기에 충분하다고 했다. 빠세나디 왕은 쭉 뻗었던 다리를 얼른 당기고는 부처님께 예를 갖추었다. 얼마 뒤 빠세나디 왕은 부처님께 귀의하였다.


## "게으름 없이 정진하라" 유언

부왕이 위독하다는 전갈을 받고 부처님이 고향으로 향했다. 부처님은 임종 직전의 부왕의 다리를 주무르면서 위로하였다. 부왕이 죽자 손수 관을 들었다. 장례가 끝난 후

부처님의 유모이자 왕비인 마하빠자빠띠가 부처님의 제자가 되겠다고 간청하였다. 부처님은 여자가 교단에 들어오는 것을 말렸다. 그 얼마 뒤 마하빠자빠띠가 사꺄 족의 여인 5백 명과 함께 죽림정사로 찾아와 출가를 희망하자 결국은 승낙하였다. 이들의 뒤를 이어 고향에 남아 있던 부처님의 아내 야소다라도 출가하였다. 이로써 비구니 교단이 성립되었다.

이로써 비구, 비구니, 우바새, 우바이의 불교 공동체가 확립되었다. 또 라자가하의 죽림정사에 이어 웨살리, 사왓티, 꼬삼비에 차례로 정사들이 건립되자 비구와 비구니 숫자가 급속도로 늘어났다. 그러나 교단 안팎에서 여러 문제가 발생하였다. 부처님께서는 비구들에게 출가한 이유와 목적을 망각하고 세간에 있을 때와 똑같이 행동하지 말도록 권면하였다. 그런 사람은 화장터에서 시체를 태울 때 쓰는 막대기만도 못한 사람이라며 특별히 경계하도록 일렀다. 부처님께서는 형식적인 고행은 열반의 길에 도움이 되지 않는다며 어리석은 사람들과 어울리지 말고 코뿔소의 뿔처럼 혼자서 가라고 하였다.

깨달음을 이룬지 45년, 그해 웨살리에 심한 기근이 찾아와 비구들이 걸식하기가 어려웠다. 그 무렵 부처님의 병환이 깊었다. 부처님은 두 그루 살라나무 사이에 자리를 깔고 조용히 삼매에 들었다. 아난다가 부처님의 장례에 대해 묻자 화장한 다음 사리를 거두고 네거리에 탑을 세워 오가는 사람들이 보게 하라고 하였다. 그리고는 마지막으로 말씀하셨다. "비구들이여, 그대들에게 할 마지막 말은 이렇다. 모든 것은 변하고 무너지나니 게으름 없이 정진하라. 나는 방일放逸하지 않았으므로 바른 깨달음을 얻었느니라"고. 부처님께서 이 땅에 오신지 80년, 깨달음을 이루신 지 45년, 기원전 544년 2월 15일이었다.

부처님께서는 최후의 순간에도 제자들에게 뜻을 세우고 이를 위해 매진하라고 당부했다. 부처님은 앞날이 보장된 왕위 계승자였다. 왕좌를 포기하고 중생 구제에 나선 부처님은 일생을 구도자요, 실천가의 삶을 살았다. 만약 부처님이 자신이 세운 뜻을 중도에 포기하였다면 인도의 한 소왕국의 왕으로 살다가 생을 마쳤을 것이다. 그러나 부처님은 끝내 자신의 뜻을 굽히지 않고 그 길로 매진한 끝에 세인이 우러러 받드는 인류의 영원한 스승이 되었다.

'술 한잔에 시 한 수',
방랑시인

# 김삿갓

"이대로 저대로 되어 가는 대로
 바람 부는 대로 물결치는 대로
 죽이면 죽 밥이면 밥 생긴 이대로
 시시비비는 보는 저대로
 손님 접대는 집안 형편대로
 시장 물건 거래는 시세대로
 세상만사 내 마음대로 안 되니
 그렇고 그런 세상 지난 그대로"

# 김삿갓

수년 전에 강원도 영월에 있는 김삿갓의 묘를 찾은 적이 있다. 묘 앞에는 허술한 상석이 놓여 있었고, 오른쪽에는 자연석으로 만든 묘비가 서 있었다. 장삼이사의 흔한 묘처럼 소박했다. 사람들은 그가 평생 삿갓을 쓰고 세상을 떠돈 것을 두고 기구한 운명이라고 말한다. 그러나 내 생각은 좀 다르다. 그가 삿갓을 쓰고 전국을 방랑하지 않았더라면 그는 미치광이가 됐을지도 모른다.

김삿갓은 1807년 경기도 양주에서 태어났다. 본명은 김병연金炳淵, 호는 난고蘭皐. 평소 삿갓笠을 쓰고 다닌다고 해서 김립金笠이란 별명도 있다. 집안은 당대의 실세인 노론의 장동 김 씨였으며, 선대는 상당한 벼슬을 지냈다. 9대조 김상준은 병자호란 때 척화대신을 지낸 김상헌의 사촌형으로서 형조참판을 지냈다. 5대조 김시태는 황해도 병마절도사를, 고조부 김관행은 전의 현감, 증조부 김이환은 경원 부사를 지냈다. 문제는 평안북도 선천宣川 부사를 지낸 조부 김익순金益淳 때문에 그의 삶이 완전히 뒤틀린 셈이다.

## 시제는 김익순의 역적 행위 논박

16세가 되던 해 그는 강원도 영월에서 열린 향시鄕試에 응시하였다. 시제試題는 선천 부사 김익순의 역적 행위를 논박하라는 것이었다. 지방 수령이던 김익순은 홍경래 난을 제압하기는커녕 홍경래에게 항복하고 목숨을 구걸했던 자였다. 시문에 뛰어났던 김삿갓은 출제자의 의도에 맞게 김익순의 잘못을 신랄하게 비판하였다. 그 결과 그는 급제하였다. 집으로 돌아와 모친께 이 소식을 전하다가 그는 충격적인 소식을 듣게 됐다. 그가 비판했던 김익순이 그의 조부라는 것이었다.

당시 역적은 참형을 당하는 것은 물론이요, 그 가족들도 온전치 못하였다. 당사자인 김익순은 역적 행위로 참형을 당하였다. 그의 아들, 즉 김삿갓의 부친은 이 일로 화병으로 죽었다. 다행히 그의 모친이 아들을 데리고 강원도 영월로 숨어들어 겨우 집안을 건사하였다. 김삿갓은 이같은 가족사를 뒤늦게 알게 됐다. 그 당시는 충忠만큼이나 효孝

가 중시되던 시절이었다. 대역죄인에 버금가는 큰 불효를 저질렀으니 그로선 씻을 수 없는 죄인이 된 셈이다. 그래서 하늘을 볼 수 없는 죄인이라며 삿갓을 쓰고 방랑길에 올랐다.

김삿갓은 조선팔도를 떠돌면서 수많은 기행奇行을 남겼다. 술 한 잔에 시 한 수를 지어주며 낭만과 여유를 부렸는가 하면, 때론 한곳에 머물면서 잠시 훈장 노릇을 하기도 했다. 또 고약한 인심이나 악덕 양반을 만나면 이들을 통쾌하게 골려주기도 했다. 이런 행위는 자신의 내적 스트레스를 푸는 한 방편이자 사회적으로는 신랄한 세태풍자이기도 했다. 이밖에도 남녀상열지사나 삶의 지혜가 담긴 시문도 적지 않다. 몇 가지만 예를 살펴보자.

하루는 김삿갓이 고개를 넘어서자 멀리 마을이 눈에 들어왔다. 또 하루를 쉬어갈 수 있다는 반가운 마음에 발걸음을 재촉하였다. 그런데 마을이 다가올수록 맛있는 냄새가 코를 자극하였다. 동네에 무슨 잔치가 열리는 모양이었다. 어쩌다 운이 좋은 날은 동네잔치 음식을 얻어먹는 행운을 얻기도 했다.

잔칫집 앞에 도착하자 주인은 나그네를 반갑게 맞아주었다. 김삿갓은 주인의 배려로 마루 한 귀퉁이에 자리를 잡왔다. 이윽고 소반에 정갈하게 차린 잔치 음식이 나왔다.
마침 시장하던 차에 음식을 맛있게 먹었다. 음식을 다 먹
은 후 그는 이리저리 주변을 살핀 후 시 한 수를 지었다.

천장에 거미집이 가득한데(天長去無執)
화로엔 짚불 냄새가 나네(花老蝶不來)
소반엔 국수가 한 사발(菊樹寒沙發)
그 옆엔 지렁(간장)이 반 종지(枝影半從地)
강정과 깎은 사과 한 조각에(江亭貧士過)
대추와 복숭아도 차렸네(大醉伏松下)
워리~ 사냥개를 부르고 보니(月移山影改)
넌 통시에 가서 구린내나 맡아라(通市求利來)

김삿갓의 시는 늘 이런 식이었다. 사전에 준비하여 짓는
법이 없었다. 앉은 자리나 누운 자리에서, 언제나 즉석에서
마치 누에가 실을 뽑아내듯 시를 토해냈다. 비록 앉은 자리
에서 지은 즉흥시지만 그 내용은 결코 가볍지 않았다.

하늘은 멀어서 간 곳을 잡을 수 없고
꽃도 늙으면 나비가 오지 않나니
국화는 찬 모래밭에서 피어나고

그 그림자 절반이 땅에 드리웠네
강가를 지나던 한 가난한 선비가
크게 취해 소나무 아래 엎드렸는데
달이 이동해 산 그림자가 바뀌니
저마다 이익을 구하러 저자를 오가네

가는 곳마다 인심이 다 이렇게 좋은 것만은 아니었다. 거지꼴의 낯선 사람을 환대할 인심은 많지 않다. 열에 여덟 아홉은 문전박대가 일쑤였다. 그러나 세상인심을 탓할 일 만도 아니었다. 먹고 자는 것이 풍족하지 못하던 시절이니 나그네 입 하나 챙기는 것도 일이라면 일이었던 셈이다.

하루는 경기도 개성에서 하룻밤 신세를 지려고 낯선 집으로 들어섰다. 그러자 주인은 대뜸 '집에 불 피울 장작이 없다'며 문전박대를 했다. 처음 겪는 일도 아니었지만 그래도 서운한 마음은 어쩔 수 없었다. 다른 곳도 아닌 개성(송악)에서 그랬으니 말이다.

邑名開城何閉城
山名松岳豈無薪

고을 이름은 개성인데 어찌 문을 닫아걸며,

산 이름은 송악인데 어찌 땔감이 없다 하느냐


## 쉰 밥 걸식에 두고 온 고향 생각

또 한번은 동네에 가서 걸식하였는데 쉰밥을 주었다. 비록 얻어먹는 밥이지만 사람이 먹을 수 없는 쉰밥을 주다니. 김삿갓은 두고 온 고향 생각에 목이 메었다. 고향으로 돌아가면 아무리 집안 형편이 어렵기로서니 쉰밥을 먹기야 하겠는가. 그는 마을 어귀의 스무나무 아래서 다시 장탄식을 하였다.

二十樹下三十客
四十村中五十食
人間豈有七十事
不如家歸三十食


스무(스물) 나무 아래에 서러운(서른) 나그네가
망할(마흔) 놈의 마을에 갔더니 쉰(쉰) 밥을 주네
인간 세상에 어찌 이런(일흔) 일이 있으리오
집으로 돌아가 서러운(서른) 밥을 먹느니만 못하도다

경상도 진주 땅에서도 저녁밥을 빌다가 푸대접을 받았다. 심지어 하인과 아이 녀석이 번갈아 가며 거짓말까지 해대다니. 조선 땅에서 처음 당하는 일이라고 썼지만, 이 어찌 처음 겪는 일이겠는가. 동방예의지국, 사람 사는 도리 운운한 걸로 봐 매우 화가 났던 것으로 보인다.

晋州元堂里
過客夕飯乞
奴出無人云
兒來有故曰
朝鮮國中初
慶尙道內一
禮儀我東方
世上人心不

진주 원당리 마을에서
지나는 길손이 저녁밥을 빌었네
종놈이 나와서는 주인이 없다 하고
아이놈 말로는 집안에 일 났다 하네
조선 땅에서는 처음 당하는 일이요
경상도 안에서는 이 집 한 곳뿐일세

예의가 있다는 우리나라에서
이건 사람 사는 인심이 아니로다

허세를 부리는 사람일수록 상대의 행색을 보고 그 사람을 판단하는 경향이 있다. 오랫동안 전국을 떠돌다 보니 김삿갓의 행색이 남루하고 초라하기 그지없었다. 그 때문에 자주 무시를 당하거나 푸대접을 받았다. 그럴 때마다 그는 뛰어나고도 기발한 글솜씨로 그들의 코를 납작하게 해주었다.

한번은 시골 서당의 훈장을 찾아가 밥 한 끼를 청했다. 방랑 길에 더러 서당에서 신세를 지곤 했다. 그런데 훈장이 그를 알아보고는 심술을 부리기 시작했다. 훈장은 잘 쓰지 않는 글자인 '찾을 멱覓' 자 4개로 운을 떼면서 그에게 시를 지어보라고 했다. 고약한 훈장의 속이 훤히 보였지만 그렇다고 이를 회피할 김삿갓이 아니었다.

許多韻字何呼覓
彼覓有難況此覓
一夜宿寢懸於覓
山村訓長但知覓

많고 많은 운자에 하필 멱 자를 부르는가
첫 번 멱 자도 어려웠는데 이번 멱 자는 어이 할까
오늘 하룻밤 자고 못 자는 운수가 멱 자에 걸리었는데
산촌의 훈장은 멱 자밖에 모르는가


## 가렴주구 탐관오리 통쾌하게 혼내

전국을 유랑하던 중에 한번은 함경도 땅에 발길이 닿았
다. 정처가 없으니 자리 잡고 앉아 발 뻗으면 그곳이 그에겐
집이나 마찬가지였다. 김삿갓이 왔다는 소문을 듣고 그곳
유지들이 찾아왔다. 벼슬이랄 것도 없는 자들이 그의 초라
한 행색을 보고 뻐기며 으스댔다. 이 역시 그냥 지나칠 김
삿갓이 아니었다. 이번에도 여지없이 그들을 통쾌하게 골려
주었다.

日出猿生原(일출원생원)
猫過鼠盡死(묘과서진사)
黃昏蚊簷至(황혼문첨지)
夜出蚤席射(야출조석사)

해 뜨자 원숭이가 언덕에서 나오고
고양이가 지나가자 쥐가 다 죽네
날 저무니 모기가 처마에 모여들고
밤이 되자 벼룩이 자리에서 쏘아대네

생원, 진사, 첨지, 석사는 모두 양반이나 당시의 하급 벼슬아치를 뜻하는 말이다. 그런 사람들을 원숭이, 쥐, 모기, 벼룩에 빗대 시를 지었으니 그들로선 노발대발하고도 남을 일이었다. 그러나 자신들이 한 짓이 있으니 대놓고 김삿갓에에 화를 낼 수도 없는 노릇이있다.

김삿갓이 활동하던 시기는 조선 후기 순조~철종 때였다. 매관매직이 성행하고 지방관들의 가렴주구가 극성을 부리던 때였다. 조정에서 파견한 암행어사조차도 이들의 비행을 전부 단속할 수는 없을 정도였다. 김삿갓이 당시 함경도 관찰사 조기영의 악행을 폭로한 시기 한 편 전한다.

宣化堂上宣火黨(선화당상선화당)
樂民樓下落民淚(낙민루하낙민루)
咸鏡道民咸驚逃(함경도민함경도)
趙冀永家兆豈永(조기영가조기영)

선정을 펴야 할 선화당엔 화적떼가 득시글
낙민루 아래에서 백성들이 눈물 흘리네
함경도 백성들이 모두 놀라 달아나버리니
조기영 가문이 어찌 오래 가리오

김삿갓은 고향에 두고 온 처자가 있었다. 객지를 떠도는 신세였지만 그도 사람이고 남자였다. 방랑길에 여성과 인연이 닿으면 인연 따라 더러 정분을 쌓기도 했다. 한번은 황해도 단천 고을에서 우연히 한 처녀를 만나 하룻밤을 같이 보내게 되었다.

비록 김삿갓의 행색은 초라했으나 그 처녀는 그의 인품에 반했다. 두 사람은 결혼을 약속하고 첫날밤을 보냈다. 그런데 운우지정을 나눈 후 김삿갓이 입맛을 다시며 자리에서 일어나 앉았다. 그녀가 숫처녀일 걸로 생각했는데 아무리 봐도 그녀는 숫처녀가 아닌 것 같았다. 장난기가 발동한 그는 지필묵을 들어 몇 자 휘갈겼다.

毛深內闊 必過他人
털이 깊고 안이 넓은 걸 보니 필시 타인이 지나갔도다

이 글을 본 처녀는 기가 찰 일이었다. 이런 소리를 듣고 가만히 있을 여자가 세상에 어디 있겠는가. 마침 그녀도 글줄이나 읽은 터였다. 그녀가 자리에서 일어나 붓을 잡더니 즉석에서 아래의 시로 대꾸를 했다. 부창부수라고나 할까.

溪邊楊柳不雨長
後園黃栗不蜂坼

시냇가의 수양버들은 비가 오지 않아도 저절로 자라고
뒷동산의 익은 밤송이는 벌이 쏘지 않아도 저절로 벌어지네


## '내 삿갓은 정처 없는 빈 배'

오랜 방랑 생활에서 그는 나름의 세상 사는 지혜를 체득했다. 세상사 내 마음먹은 대로 다 되는 법은 없다. 그리니 매사를 서두르지 말아야 한다. 바람 부는 대로 물결치는 대로 순리대로 살아야 한다. 쓸데없이 남과 다툴 필요도 없고 그저 초연한 자세로 살아가는 것이 현명한 처세법이다. 대나무에 빗댄 이 시는 흔히 '팔죽시八竹詩'로 불린다.

此竹彼竹化去竹

風打之竹浪打竹

粥粥飯飯生此竹

是是非非看彼竹

賓客接待家勢竹

市井賣買歲月竹

萬事不如吾心竹

然然然世過然竹


이대로 저대로 되어 가는 대로

바람 부는 대로 물결치는 대로

죽이면 죽 밥이면 밥 생긴 이대로

시시비비는 보는 저대로

손님 접대는 집안 형편대로

시장 물건 거래는 시세대로

세상만사 내 마음대로 안 되니

그렇고 그런 세상 지난 그대로


그렇다면 김삿갓은 자신의 방랑 인생을 어떻게 봤을까? 그가 쓴 '나와 삿갓'이라는 시가 전해오고 있다.

浮浮我笠等虛舟

一着平生四十秋

牧竪輕裝隨野犢

漁翁本色伴沙鷗

醉來脫掛看花樹

興到携登翫月樓

俗子衣冠皆外飾

滿天風雨獨無愁


내 삿갓은 정처 없는 빈 배

한 번 쓰고 보니 평생 함께 떠도네

목동이 걸치고 송아지 몰며

어부는 그저 갈매기와 노닐지만

취하면 걸어두고 꽃 구경

흥이 나면 빗어들고 달 구경

속인들의 의관은 겉치레, 체면치레

비가 오나 바람 부나 내사 아무 걱정 없네


'방랑시인' 김삿갓의 삶은 평범하지 않았다. 처음부터 그가 이런 삶을 원하진 않았으나 그는 살기 위해 방랑의 길을 결단할 수밖에 없었다. 당시 유교 사회에서 조부를 비방한 죄인이 온전히 살아가기란 쉽지 않았다. 사지 육신 멀쩡하고 머리에는 아는 것도 많은 그였다. 그런 그가 집안에 웅크리고 앉아 있었다면 그는 어찌 됐을까? 어쩌면 그는 미치광이가 됐을지도 모른다. 따라서 '방랑'은 그가 살아남기 위한 그 나름의 결단이었을 것이다.

　비록 자신이 원했던 삶은 아니었지만 그는 방랑 인생을 하늘의 뜻으로 받아들였다. 그런 생활을 통해 자신에게 드리워진 악몽 같은 기억을 털어버리고 나름으로는 그런 삶을 즐긴 측면도 없지 않다. 따라서 김삿갓의 방랑 인생은 단순한 기행奇行 차원을 넘어 그로선 고육지책이었다고 봐야 한다.

　그가 만약 자신의 불우한 처지를 극복하기 위해 힘 있는 권력자에게 줄을 대 향촌의 벼슬아치로 살았다고 치자. 그랬다면 그는 '낭만 가객'의 명성을 후대에 남기지 못했을 것이다. 백 년도 못사는 인생에서 보면 그는 결코 루저가 아니었다. 부귀영화를 누리며 정승을 몇 차례나 지낸 이들은 이름 석 자 남기지 못했지만, 내 뜻대로 산 그의 이름은 백세, 천세에 길이 남을 것이다.

'단종폐위' 맞서
보던 책 불태운

김시습

"달 밝은 밤 귀촉도 슬피 울 제
수심에 젖어 다락에 기대어 섰네
네가 슬피 우니 듣는 내가 괴롭구나
네가 울지 않으면 내 시름도 없으련만
이 세상 괴로운 사람들에게 말 전하노니
춘삼월에는 자규루에 부디 오르지 마소"

김시습

김삿갓처럼 방랑 인생을 산 사람이 한 사람 더 있다. 매월당 김시습金時習이다. 그는 당대 최고의 재능을 가진 인물이었으나 세조의 왕위 찬탈을 불의라고 여겨 출사出仕를 포기했다. 이후 거의 평생을 떠돌며 자유인의 삶을 살면서 숱한 작품과 기행을 남겼다. 벼슬을 탐하지 않고 야인의 길을 걸었다고 해서 그의 삶을 실패한 삶이라고 할 것인가. 그건 아닐 것이다. 그가 자신의 뜻을 꺾고 구차하게 벼슬길에 나아가 입신양명했다면 절개 있는 선비의 이름을 후대에 남기지 못했을 것이다.

김시습은 1435년(세종 17) 한양의 성균관 부근에서 태어났다. 3살 때부터 외조부로부터 글자를 배우기 시작했다. '시습時習'이란 이름은 그의 이웃에 살던 최치운이 지어준 것인데, 〈논어〉 학이편의 '배우고 때때로 익히면 기쁘지 아니한가學而時習之 不亦說乎'라는 구절에서 따온 것이다.

## 세종이 비단 50필 상으로 하사

그는 어릴 때부터 신동神童 소리를 들었다. 심지어 공자의 환생이라고도 불렸다. 이 소문을 듣고 당시 70 고령의 정승 허조가 그를 찾아왔다. 허조는 "얘야, 늙은 날 위해 늙을 노老 자로 시구를 지어보거라"라고 부탁했다. 그러자 김시습은 즉석에서 시를 지어 답했다.

老木開花心不老
늙은 나무에 꽃 피니 마음은 늙지 않았네

허조는 무릎을 치며 탄복했다. 허조가 김시습을 칭찬한 뒤로 사대부들이 자주 그의 집을 찾았다. 이 소문은 당시 국왕인 세종의 귀에까지 들어갔다. 세종은 승정원에 명을 내려 사실 여부를 알아보라고 했다. 이에 승지가 다섯 살짜리 김시습을 대궐로 불러 무릎에 앉히고서 "네 이름을 넣어 시구를 지을 수 있겠느냐"고 물었다. 김시습은 이번에도 곧바로 응수하였다.

來時襁褓金時習
올 때는 포대기에 싸인 김시습이죠

승지는 이번에는 벽에 걸린 산수화를 가리키며 "저걸 두고 또 시구를 지을 수 있겠느냐?"고 묻자 김시습은 머뭇거리지 않고 시구를 불렀다.

小亭舟宅何人在
정자 같은 배 집에는 누가 있는가

이 애기를 전해 듣고 감탄한 세종은 김시습에게 비단 50필을 상으로 하사했다. 그러면서 그 비단을 혼자 힘으로 갖고 가라고 했다. 비단 50필을 이으면 그 길이만도 얼추 500m 정도 된다. 김시습은 이 비단의 끝과 끝을 서로 묶어 길게 늘여서 혼자 끌고 갔다고 한다. 언젠가 SBS의 '호기심 천국' 프로에서 직접 실험해 보았는데 어린아이가 혼자 끌고 가기에는 무리였다고 한다.

김시습은 5~13세까지 이웃에 살던 대사성 김반의 문하에서 〈논어〉〈맹자〉 등 사서를, 겸사성 윤상의 문하에서 〈주역〉과 〈예기〉를 공부했다. 이후 성균관에 들어가 공부하였다. 15세 때 모친이 돌아가시자 모친 무덤 옆에 풀집을 짓고 3년상을 치렀다. 얼마 뒤에는 모친을 대신해 자신을 돌봐주던 외할머니마저 별세하였다. 어린 나이에 인생

무상을 깨달은 그는 송광사에서 한동안 불교 공부를 하였다. 이후 서울로 올라와 18세 때 무관 출신 남효례의 딸과 혼인하였다.

1452년 문종이 즉위한 지 2년여 만에 죽자 12세의 단종이 왕위에 올랐다. 새 군주의 즉위를 축하하여 이듬해 봄에 과거시험이 실시되었다. 이때 김시습도 시험을 봤으나 낙방하고 말았다. 다섯 살 때부터 신동 소리를 들어 '오세五歲'라는 별명까지 얻었던 그가 어떤 이유에서인지 과거에 떨어지고 말았다. 이후 그는 서책을 싸서 삼각산 중흥사로 들어갔다.

21세 때인 1453년, 그는 인생의 한 전기를 맞게 됐다. 중흥사에서 과거 공부를 하던 중 수양대군이 계유정난을 일으켜 조카 단종의 왕위를 찬탈했다는 소식을 접했다. 이 과정에서 많은 사람들이 죽었고, 민심도 몹시 흉흉했다. 세조의 정변과 찬탈은 유학 사상의 핵심이랄 수 있는 왕도王道의 붕괴를 뜻하였다. 그런데 당시 대다수 지식인들은 비판은커녕 권력의 풍향계를 보며 줄서기에 급급했다. 그는 이런 세태를 탄식하면서 보던 책을 덮었다. 비록 단종 밑에서 벼슬을 한 적은 없으나 그는 단종을 마음속의 주군으로 삼았다. 그는 권세 있는 사람들에게 아부해 벼슬하는 것은 죽기보다 싫었던 것이다.

1455년 6월, 단종은 위협에 못 이겨 숙부 수양대군에게 왕위를 물려주었다. 이 소식을 접한 그는 큰 충격을 받았다. 세조의 왕위 찬탈은 기존 유학의 가치체계를 완전히 뒤엎어버리는 일이었다. 그는 방문을 걸어 잠근 채 사흘 동안 바깥으로 나오지 않았다. 그리고는 통곡 끝에 보던 책을 전부 불살라버렸다. 도의가 무너진 세상에 이깟 공부는 해서 뭣 하겠느냐는 것이었다. 심지어 그는 현기증을 느끼고 똥통에 빠지기도 했다. 아마 순간적으로 미쳤던 것 같다. 당시 벼슬아치 중에는 그처럼 기이한 행동을 한 사람들이 더러 있었다. 권절은 귀머거리 노릇을, 이맹전은 낙향하여 눈 멀고 귀먹은 행세를 하였다. 이들의 기행은 자신의 속내를 감추기 위한 하나의 술책이었다.

중흥사를 나와 떠돌던 김시습은 강원도 철원에 은거하였다. 그곳에는 세조가 싫어서 벼슬을 버리고 낙향한 박계손과 조상치가 머물고 있었다. 박계손은 세조가 빈번하게 부르자 더 깊이 들어가 지취를 감추었다.

## '사육신' 시신 수습, 노량진에 묻어

1456년 6월, 단종의 복위를 꾀하던 성삼문, 박팽년, 이개, 하위지, 유성원, 유응부 등 여섯 신하(사육신)가 처형되었다. 당시 공주 동학사에 머물고 있던 김시습은 그들이 체포되었다는 말을 듣고 한걸음에 서울로 달려왔다. 그는 충절의 여섯 신하들이 참혹하게 고문당하는 광경을 직접 지켜보았다. 그들은 모두 새남터 형장에서 거열형(車裂刑)으로 사지가 찢겨 죽었다. 그들의 시신이 저잣거리에 나뒹굴었으나 선뜻 나서서 수습하려는 이가 없었다. 세조의 보복을 두려워한 때문이었다. 그때 김시습이 나서서 이들의 시신을 수습하여 묻었다. 그 자리가 현재 한강 건너 노량진에 있는 사육신(死六臣)의 묘소 자리다. 비록 그들과 함께 죽지는 못했으나 마음만은 그들과 함께 했다. 김시습을 포함해 그 여섯 명을 흔히 '생육신(生六臣)'이라고 부른다.

이듬해 1457년 6월, 단종은 노산군으로 강등돼 강원도 영월로 유배되었다. 7월 초, 수양대군의 동생 금성대군(錦城大君)이 다시 경상도의 순흥(順興)에서 복위를 도모하다가 발각돼 사사(賜死)되자 노산군에서 다시 서인(庶人)으로 강등되었다. 세조로부터 끈질기게 자살을 강요당하다가 그해 10월에 결국 죽음을 맞았다. 유배 시절 단종은 영월 관풍헌 매죽루에 올라 '자규사子規詞'를 읊으며 자신의 처지를 탄식했다. 자규는 두견새를 말한다. 신하에게 쫓겨난 촉나라 임금 두우가 슬피 울다가 죽어서 된 새라고 한다. '촉나라로 돌아가고 싶다'고 하여 귀촉도歸蜀道라고도 부른다.

月白夜蜀魂啾
含愁情倚樓頭
爾啼悲我聞苦
無爾聲無我愁
寄語世上苦勞人
愼莫登春三月子規樓

달 밝은 밤 귀촉도 슬피 울 제
수심에 젖어 다락에 기대어 섰네
네가 슬피 우니 듣는 내가 괴롭구나
네가 울지 않으면 내 시름도 없으련만
이 세상 괴로운 사람들에게 말 전하노니
춘삼월에는 자규루에 부디 오르지 마소

이듬해 몸, 김시습은 농학사로 놀아왔다. 농학사에 머무는 동안 그는 분노가 치밀어 하루도 편할 날이 없었다. 왕위에 욕심이 숙부가 나 어린 조카를 죽이는 세상에 이제 도의를 말해 뭣하겠는가. 그런 세상에서 그가 할 수 있는 것은 아무것도 없었다. 그는 참을 수 없는 분노와 개탄스러운 현실로 인한 고통을 다스리기 위해 길을 떠나기로 마음먹었다. 조상치 등과 함께 단종 제사를 지낸 후 그는 승려 차림으로 방랑길에 올랐다. 머리를 깎고 승려 복장은 하였으나 수염은 자르지 않고 그대로 두었다.

그의 발길은 관서 지방을 시작으로 관동, 호서, 호남 등 전국 각지로 이어졌다. 1458년 가을, 그는 평양 부근의 초막에서 출발하여 관서 지방(평안도)을 유람에 나섰다. 역사 유적지를 찾고 산천경개를 보고 느낀 감회를 시로 엮었는데, 이 내용은 〈매월당집〉의 '탕유관서록宕遊關西錄'으로 전해오고 있다. 발문에서 그는 방랑을 시작한 동기를 아래와 같이 적었다. 한 마디로 기칠 것 없는 자유인에다 호방한 기질의 소유자로 진정한 대장부라고 하겠다.

"나는 어려서부터 성격이 질탕跌宕하여 명리名利를 즐겨하지 않고 생업을 돌보지 아니하여 다만 청빈하게 뜻을 지키는 것이 포부였다. 본디 산수를 찾아 방랑하고자 하여 좋은 경치를 만나면 이를 시로 읊조리며 즐기면서 친구들에게 자랑하곤 하였지만, 문장으로 관직에 오르기를 생각해보지는 않았다. 하루는 홀연히 감개한 일(세조의 왕위 찬탈)을 만나 남아가 이 세상에 태어나서 도道를 행할 수 있는데도 출사하지 않음은 부끄러운 일이며, 도를 행할 수 없는 경우에는 홀로 그 몸이라도 지키는 것이 옳다고 생각하였다."

두 번째로 그의 발길이 닿은 곳은 관동. 해가 바뀌어 1459년, 그의 나이 25세, 세조가 등극한 지 5년째였다. 그는 임진강을 건너 파주, 포천을 거쳐 내금강으로 향했다. 내금강 유람은 장안사에서부터 시작되었다. 금강산 구경을 마치고 원주 치악산을 넘어 오대산으로 향하였다. 곳곳에서 명승 대찰에 암자를 만나 심신을 쉬어가니 그는 진짜로 절 사람이 다 된 기분이 들었다.

## 관서, 관동 거쳐 호남으로 발길

대관령을 넘어 경포대에 이르니 끝없이 펼쳐진 만경창파가 눈앞에 선개되었다. 농해바다 구경을 한 우 다시 대관령을 넘어 오대산으로 왔다. 그는 오대산에서 처음으로 작은

당<sup>堂</sup>을 지어 그곳에서 한동안 머물렀다. 관동구경을 마칠 무렵 추석이 되었다. 남녘에 두고 온 고향 생각에 젖어 시 한 수를 남겼다.

도중途中 - 길을 가다가

關東山已盡  관동의 산을 다 돌고 돌아
南國月初圓  남국의 달이 비로소 둥글었군
眼底峯無數  눈 아래엔 봉우리 무수하고
腰間錢又纏  허리춤엔 엽전 자고 나다니는 몸
長年席不暖  앉은자리 따뜻하지 못한 지 오래
竟日肺生烟  폐부에선 온종일 달군 김이 나오고
遊歷何時遍  떠도는 이 생활을 어느 때 다하여
團芽息萬緣  초가 포단에 앉아 일만 인연 그치랴

1460년(세조 6) 10월, 그는 이번에는 호서 지역으로 발길을 향했다. 먼저 청주의 경慶 생원 집에서 며칠을 묵었다. 이어 은진 객사에 들렀다가 노사신을 만났다. 잠시 벼슬을 내려놓고 그곳에 은둔하고 있던 노사신은 이런 시국에 조용히 절간에나 있지 않고 뭐하러 떠돌아다니느냐며 비아냥거렸다. 그러자 김시습은 벼슬자리를 놓지 못하는 노사신을 오히려 가련하게 여겼다. 실지로 노사신은 얼마 후 다시 조정에 들어가 세조 밑에서 도승지, 호조판서 등을 지냈다. 노사신 같은 부류는 체질적으로 그와 맞지 않았다.

익산, 전주를 거쳐 내소사에 다다른 그는 원효가 살았다는 원효방을 둘러보았다. 변산 앞바다의 섬들을 구경하고 옛 백제 땅에 들러 비운의 백제의 역사를 회고하였다. 1461년 겨울은 전라도 진원현의 인월정사에서 났다. 신행 스님의 환대로 초막 생활은 안온했다. 인월정사에 머물면서 그는 산문 앞에 소나무 한 그루를 심었다. 소나무의 미덕인 '세한후조歲寒後彫'를 기리고자 함이었다. 아래 지방으로 내려가 영광, 나주, 화순을 거쳐 승보종찰 송광사에 도착했다. 18세 때 모친상을 치른 후 잠시 머물렀던 곳이어서 반가웠다. 그러나 행운유수처럼 떠도는 방랑객이니 한곳에 오래 머물지 않았다. 다시 위로 올라가 남원, 함양, 거창을 거쳐 합천 해인사로 향했다. 호남 유람기는 경주 금오산에 기거하던 1463년에 〈유호남록遊湖南錄〉으로 엮었다.

호남 유람을 마친 김시습은 경상도 경주로 걸음을 옮겼다. 1462년, 그의 나이 스물여덟이었다. 수신제가를 넘어 치국평천하를 하고도 남을 나이였다. 비록 방랑하는 신세였으나 이제는 어딘가 정착지가 필요했다. 그래서 찾은 곳이 경주의 남산인 금오산金鰲山 중턱의 용장사였다. 어느 해 이른 봄, 그는 눈길을 걸어 매화를 찾아 나섰다. 매화는 맑은 선비, 은둔하는 지사의 상징이다. 그는 매화를 보면서 자신을 만나고 싶었다. 한창 피어난 매화는 벼슬길에서 자신의 역량을 한껏 발휘하는 재사의 모습이다. 그것이야말로 자신이 꿈꿨던 이상이기도 했다. 그러나 이제 꺾인 매화 꽃잎 같은 자신의 처지를 생각하면서 이제라도 세속의 명리에 휘둘리지 않겠다는 다짐을 하였다. 아래 시에 그런 다짐이 담겨 있다.

花時高格透群芳
結子調和鼎味香
直到始終存大節
衆芳那政窺其傍

꽃 필 때 품격은 뭇 꽃 중에 제일이요
열매는 간 맞춰 음식 맛 향기롭네
시종 큰 절개를 보존하나니
다른 방초가 어찌 이와 짝하리

1463년 가을, 그는 읽을 책을 사려고 모처럼 서울로 올

라갔다. 서울에서 마침 효령대군을 만났다. 왕실의 어른인
데다 세조의 쿠데타를 승인하여 그는 위세가 대단했다. 효
령대군은 불교를 숭상하였는데. 세조도 마찬가지였다. 세조
는 자신의 업보를 씻기 위해 불경 편찬기구로 간경도감을
세웠다. 세조는 불사에 참여한 승려들에게 도첩度牒을 발행
했다. 그는 세조의 불경 언해를 예찬하면서 법화경 언해 작
업에 참여했다. 1465년 봄에는 원각사 낙성회에도 참여하였
다. 효령대군이 말을 보내 그를 초대하였기 때문이다. 낙성
회를 마치고 그는 세조로부터 도첩을 받았다. 불온한 승려
였던 그가 세조로부터 승려로서의 신분을 보장받은 셈이다.


## 경주 금오산서 〈금오신화〉 집필


 1465년 가을, 서울서 돌아온 그는 경주 남산에 금오산
실을 짓고 본격적으로 은둔에 들어갔다. 우리 문학사에서
최초의 한문 소설로 불리는 〈금오신화金鰲新話〉는 바로 이곳
에서 썼다. 여기에는 '만복사저포기' 등 모두 다섯 편이 수
록돼 있다. 이 소설의 골자는 신진 사림으로 불리는 소외된
지식인들은 민중의 처지에 동조하면서 새 왕조의 이념적 모
순과 사회적 폐단을 비판하고 새로운 사상을 모색하고 있

다. 따라서 사상적인 면에서는 유교는 물론 불교와 도교도 두루 포용하였다. 이는 바로 김시습 자신의 모습이기도 했다. 이 무렵부터 그는 '매월당梅月堂'이란 호를 사용하였다.

세월이 흘러 그가 비판했던 세조가 1468년에 마침내 사망하였다. 뒤이어 예종이 즉위하였으나 1년 만에 죽고 다시 성종이 즉위하였다. 1471년(성종 2) 봄, 그는 금오산 은거 생활을 정리하고 서울로 올라왔다. 그는 문학에 이어 도교道敎와 성리학에 관심을 갖고 공부하였다. 〈장자〉에 밝은 김수온을 찾아가 배우기도 하고, 냉랭했던 서거정과도 관계를 회복하였다. 올바른 군주 시대에는 벼슬자리에 나아가 자신의 뜻을 펴는 것은 응당하다고 여겼다. 그러나 당대의 실세 서거정은 그를 천거하지 않았다. 계속 서울에 남아서 기회를 기다릴 것인지, 아니면 다시 금오산으로 들어갈 것인지를 놓고 고민한 끝에 일단은 글쓰기를 통해 자신의 정치적 방향을 개진하기로 했다.

1481년(성종 12) 봄, '설잠雪岑 대사'로 불리던 그는 머리를 기르고 환속하였다. 제문을 지어 조부와 부친의 제사를 지냈으며, 가문을 잇기 위해 안 씨의 딸과 재혼하였다. 주변 사람들은 그에게 벼슬길에 나아가라고 권하였으나 그는 썩 내키지 않았다. 성종이 문사文士를 우대하여 문물에서는 더러 성과가 나왔으나 일반 백성들의 삶은 별로 개선되지 않았다. 두 해에 걸쳐 큰 흉년이 들어 민간에서는 아이들을 버리고 심지어 자결하는 이도 나왔다. 정치에 분노를 느낀 데다 재혼한 아내마저 사망하자 더이상 서울에 머물고 싶지 않았다. 게다가 연산군의 생모 윤 씨의 '폐비廢妃 사건'으로 인해 세상이 또다시 소란스러웠다. 1483년 봄, 그는 49세에 또다시 방랑길에 올랐다.

그는 육경六經 등 책을 수레에 가득 싣고 관동으로 향했다. 그의 오랜 지기 남효온南孝溫이 동대문 밖까지 따라와 이별주를 나누며 눈물로 전송했다. 방랑길에 오른 그는 두타頭陀, 즉 탁발승의 모습이었다. 춘천, 홍천, 인제를 거쳐 양양 설악산에 일단 자리를 잡았다. 몸은 늙고 생활은 몹시 곤궁하였다. 그러나 마음은 평안하였다. 그러면서도 마음 한 구석에서는 시대에 대한 분노가 가시지 않았다. 그때마다 시를 쓰며 마음을 다스렸다. 그때 쓴 시 가운데 하나가 '막비莫非'다. '다 이런 게 아닌가, 다 이런 것이지'라는 뜻이다. 이 시는 백성들을 착취하는 탐관오리들을 비판한 내용을 담고 있다.

## 부여 무량사서 열반, 사리 나와

1493년(성종 24), 그는 충청도 홍산(부여)에 있는 무량사로 거처를 옮겼다. 그해 2월, 김시습이 무량사 선방에서 59세로 생을 마쳤다. 임종 무렵에 그는 다비(화장)를 하지 말고 절 옆에 묻어달라고 하였다. 그의 소원대로 시신을 절 옆에 가매장을 했다가 3년 뒤에 파보았더니 얼굴이 마치 산 사람과 같았다고 한다. 승려들은 그가 틀림없이 부처가 되었다고 여겨 다비를 했더니 커다란 사리가 나왔다. 죽기 전에 그는 '부량사에서 병으로 눕나'라는 시 한 편을 남겼다. 그가 평생에 남긴 수백 편의 시 가운데 대미를 장식하는 작품이다.

春雨浪浪三二月
扶持暴病起禪房
向生欲問西來意
却恐他僧作擧揚

봄비 오락가락하는 이삼월인데
급작스런 병을 겨우 견디며 선방에서 일어나
누군가에게 서쪽에서 전해온 법을 물으려 하여도

김시습은 당대 최고의 지식인이요, 비판적 행동가였다. 그러나 그는 자신의 끼와 재능을 마음껏 펼치지 못했다. 평소 그가 몸을 의탁했던 곳은 궁궐의 벼슬자리가 아니라 자연과 선문禪門이었다. 문사로서 그의 탁월한 재능은 한갓 글재주 정도로 치부되었다. 또 괴팍한 성격의 그를 두고 세상사람들은 마치 광인狂人 대하듯 하였다. 허위의식에 가득 찼던 당시 기득권 세력들에겐 그가 그렇게 보이고도 남았다.

그러나 그는 배우고 익힌 것을 몸으로 실천한 참 선비였다. 대학자 율곡 이이는 그를 두고 '백 세의 스승'이라고 극찬하였다. 1707년(숙종 33)에 단종이 복위되자 그는 사헌부 집의執議에 추증되었다. 다시 1782년 정조는 그를 이조판서에 추증하고 청간清簡이란 시호를 내렸다. 높은 벼슬을 하진 못했으나 그의 삶을 어찌 실패한 삶이라고 하겠는가. 오히려 그의 삶을 유방백세流芳百世·꽃다운 이름을 후세에 길이 전함라고 해야 옳지 않겠는가.

'세 차례 유배,
여섯 차례의 파직'

허
균

"나는 보지 못했던 책을 읽을 때는
마치 좋은 친구를 얻은 것 같고,
이미 읽은 책을 볼 때는 마치 옛 친구를 만난 것 같다.
나의 천성은 손님을 접대하는 것을 즐거워하나
언행言行에 허물이 있을까 저어되니
이 책들이나 의지해 문을 걸고 늙으리라."

허균은 1569년 11월 3일 강원도 강릉 외갓집에서 태어났다. 어느 점술가는 그가 태어난 사주를 보고 "액이 많고 가난하며, 병이 잦고 뜻한 바를 이루지 못하나 재주가 뛰어나 후세에 전해질 것"이라고 풀었다고 한다.

## 당대의 책벌레, 26세 때 출사

허균의 집안은 문장으로 유명했다. 대사성을 지낸 부친 허엽을 비롯해 허성, 허봉 두 형과 누이 허난설헌 등이 모두 시문에 능했다. 막내인 허균 역시 어릴 때부터 책 읽기를 좋아했다. 당대의 둘도 없는 책벌레였다. 그 스스로 이런 글을 남겼다.

"나는 보지 못했던 책을 읽을 때는 마치 좋은 친구를 얻은 것 같고, 이미 읽은 책을 볼 때는 마치 옛친구를 만난 것 같다. 나의 천성은 손님을 접대하는 것을 즐거워하나 언행言行에 허물이 있을까 저어되니 이 책들이나 의지해 문을 걸고 늙으리라."

허균은 5세 때 글을 배우기 시작해 9세 때부터 시를 지었다. 당시 사람들은 "이 아이는 뒷날 마땅히 문장을 잘 하는 선비가 될 것이다."라고 입을 모았다. 그러나 단 한 사람, 그의 매형 우성진은 "뒷닐 문장을 하는 신비가 되기는 하겠지만, 허씨 집안을 뒤엎을 자도 반드시 이 아이일 것이다"라는 불길한 예언을 한 바 있다. 그 무렵 허균이 부지런히 글을 읽은 것은 학문 연마보다는 과거시험 급제가 목적이었다.

18세가 되던 해부터 봉은사 아래에서 작은형 허봉의 친구인 사명당에게 불교와 문학을 배웠다. 또 서애 류성룡의 문하에서 문장을 배우고, 손곡 이달에게는 당나라 시를 배웠다. 서자 출신의 이달은 둘째 형 허봉의 친구로서 훗날 허균의 삶과 사상에 큰 영향을 끼쳤다. 과거시험만 준비하던 그에게 제대로 된 스승이 나타나 인생의 길잡이가 돼주었다.

1585년 한성부에서 실시한 초시에 합격한 허균은 그해 김대섭의 딸과 혼례를 치렀다. 21세 때인 1589년에는 이이 첨과 함께 생원시에 합격하였다. 1592년 임진년 왜구가 침입하여 온 나라가 쑥대밭이 되었다. 그 와중에도 그는 열심히 공부하여 2년 뒤 정시문과庭試文科에 을과로 급제하였다. 1597년에는 문과 중시重試에 장원을 하여 비로소 벼슬길에 나섰다. 그의 나이 26세 때였으니 천재로 불린 그로서는 늦은 출사였다.

그 무렵 그의 뛰어난 시재詩才가 빛을 발할 기회를 얻게 됐다. 당시 조선은 임진왜란을 겪으면서 명나라의 도움이 절실했다. 이를 위해 조정에서는 명나라 사신들의 마음을 얻기 위해 그들을 잘 접대하려고 애를 썼다. 그런데 명나라 사신들은 조선의 문인들과 시를 나누는 것을 즐겼다. 그래서 조정에서는 시를 많이 외우고 문장을 잘 짓는 허균의 능력이 절실하게 필요했다. 허균은 명나라 사신 접대 업무를 맡아 탁월한 능력을 유감없이 발휘했다. 이처럼 시를 주고받으면서 마음을 나누고 외교적인 성과를 거두는 것을 수창酬唱외교, 혹은 시문詩文외교라고 부른다.

당시 명나라 역시 '학문하는 사람을 사신으로 보내야 중국 체통을 떨어뜨리지 않고 인심을 잃지 않는다'며 시문외교에 큰 관심을 보였다. 허균은 선조 대에서부터 광해군 대에 이르기까지 수창외교의 최전선에서 큰 공로를 세웠다. 그런 허균을 두고 〈광해군일기〉에서 "글 쓰는 재주가 매우 뛰어나 수천 마디의 말을 붓만 들면 써 내려갔다"고 칭송할 정도였다. 허균은 수시로 명나라 사신을 맞이하였고, 세 차례나 명나라 사신으로 다녀오기도 했다.

그러나 그의 벼슬길은 순탄치 않았다. 1598년 황해도 도사都事에 부임한 지 6개월 만에 탄핵을 받고 파직되었다. 황해 도사로 부임하면서 한양에서 기생을 데리고 간 것이 말썽이 되었다. 허균은 솔직하고 꾸밈이 없는 사람이어서 기생들의 연애담이나 잠자리 얘기들을 모두 기록으로 남겼다. 특히 강릉 시절에는 기생들과 어울리느라 모친상에도 참석하지 않았다. 이는 당시 양반들에게는 체면을 깎는 모습으로 비쳤고, 또 패륜아로 비난을 샀다.

당시 성리학에 기반한 지식인 계층은 인간의 욕망을 극복의 대상으로 삼았다. 그러나 허균의 생각은 완전히 달랐다. 그는 이러한 비난에 대해 그 사실을 숨기거나 변명하지 않았다. 허균은 식욕과 성욕을 중시하면서 본능에 충실하고자 했다. 안정복은 그를 두고 "인륜과 명분을 가르치는 유학의 죄인"이라며 배척했다. 허균은 이런 주장을 펴기도 했다.

"남녀 간의 정욕情慾은 하늘이 주신 것이다. 유교의 성인은 남녀가 다르다고 가르치셨다. 그런데 성인은 하늘보다 한 등급 아래의 존재가 아닌가. 성인의 말씀을 따르기 위해 하늘의 뜻을 어길 수는 없다."

1604년, 그는 수안 군수로 부임했으나 얼마 뒤 파직되었다. 불교를 믿는다는 이유 때문이었다. 1607년 3월 삼척 부사가 돼서는 불과 13일 만에 다시 파직되었다. 이번에도 역시 불교 때문이었다.

## 세상과 잘 화합하지 못한 이단아

그러나 그의 탁월한 재능과 공훈으로 얼마 안 돼 다시 공주 목사로 발탁되었다. 다시 1609년(광해군 1)에 명나라 책봉사가 왔을 때 이상의의 종사관을 지냈다. 그해에 첨지중추부사를 거쳐 형조참의에 올랐다. 이처럼 여러 차례 공직에도 기용됐으나 허균은 자신을 '불여세합不與世合'이라고 표현했다. 세상과 잘 화합하지 못한다는 말이다.

"나는 성격이 소탈하고 호탕하여 세상과는 전혀 맞지 않는다. 세상 사람들이 무리를 지어 나를 꾸짖고 배척하니, 집에 찾아오는 벗이 없고 밖에 나가도 뜻에 맞는 곳이 전혀 없다."

당시 조선 사회는 유교 체제에서 체면과 허례허식을 중시하였다. 그런 형식의 얽매임이 자유인의 면모를 갖고 있던 허균에게는 거추장스러운 옷과도 같았다. 그런 상황에서 그가 자신의 마음을 의탁했던 곳은 불교였다. 허균은 세 차례의 유배, 여섯 차례의 파직을 겪으면서도 불경을 손에서 놓지 않았다. 심지어 관아에 불상을 모시고 불경을 외며 제를 올리는 등 승려와 다름없이 행동하였다.

합천 해인사 홍제암의 부도밭에는 사명대사의 석장비가 서 있다. 이 비석의 비문을 쓴 사람이 허균이다. 허균은 사명대사를 형님처럼 모셨다. 그러니 허균이 사명대사의 비문을 쓴 것은 조금도 이상하지 않다. 수안군수, 삼척부사에서 파직된 것도 다 불교 때문이었다. 허균은 자신을 파직시킨 양반들을 향해 "하찮은 일을 가지고 소인배들이 모략을 일삼는다. 그대들은 그대들의 법을 따르라. 나는 내 인생을 나대로 살겠노라"고 응수했다.

허균은 사신으로 세 차례 연경(북경)을 다녀왔다. 당시 명나라는 서양 문물의 집산지였다. 실록에 따르면, 허균은 접대비로 갖고 갔던 만 오천 냥의 은으로 4천여 권의 책을 사서 가지고 왔다고 기록돼 있다. 그 속에는 천주교 기도문도 포함돼 있었는데 당시로선 금서였다. 그는 새로운 문물과 서학에 남다른 관심을 보였다. 특히 성리학으로 획일화된 조선 사회에 반발하면서 사상과 행동의 자유를 추구했다. 이런 태도 때문에 그는 후세 사가로부터 '유교 반도<sup>叛徒</sup>'(이가원)라는 비판을 사기도 했다.

허균은 관리로서도 출중한 재능을 갖고 있었다. 한 해 세 차례 관리들끼리 겨루는 시험에서 허균은 세 번 연속으로 1등을 차지했다. 이런 경우는 조선조 역사상 극히 드문 일이었다. 그 덕분에 공주 목사 자리를 얻게 되었는데 이번에도 부임 1년을 채우지 못하고 파직되었다. 이유는 그가 자신의 월급으로 친구 이재영과 그의 어머니를 먹여 살렸다는 것이었다. 당시 허균은 이재영 모자 말고도 자신의 처외삼촌 되는 서자 출신의 심우영과 윤계영을 불러 함께 살았다. 이를 두고 세상 사람들은 "허균이 공주 관아에 삼영<sub>三營</sub>을 설치했다"고 비난했다. 세 사람의 이름이 '영'으로 끝나 이렇게 부른 것이었다.

이 일로 그는 전라도 함열(익산)로 유배를 갔다. 그곳에

는 친구가 없었다. 서울에서 멀리 떨어지기도 했지만 그를
가까이 하려는 사람도 없었다. 요즘 사람 가운데 친구가 없
다 보니 그는 옛사람을 친구로 삼았다. 중국 진<sup>晉</sup>나라 시절
의 시인 도연명, 당나라 시인 이태백, 그리고 송나라의 문
장가 소동파 등이 그의 벗이었다. 자신을 포함해 네 친구가
함께 사는 집이라는 뜻으로 '사우재<sup>四友齋</sup>'라는 편액을 내걸
었다. 그는 평소 가깝게 지내던 화가 이정에게 위 세 벗의
초상을 그려달라고 부탁했다. 그리고는 항상 이 그림을 휴
대하여 머무는 곳 방 한쪽에 걸어두고 마음속으로 대화를
나누었다. 허균은 "어디에 있든 이 그림만 있으면 내 처지가
외롭다는 사실을 전혀 몰랐다"라고 할 정도였다.

"내가 사는 집은 한적하고 외져서 아무도 찾아오는 이
가 없으며, 오동나무가 뜰에 드리우고 대나무와 들매화
가 집 뒤에 총총히 술지어 심어져 있다. 나는 그 그윽하고
고요함을 즐기면서 북쪽 창에다 세 벗의 초상화를 펼쳐
놓고 분향하면서 읍을 한다. 그래서 편액을 사우재<sup>四友齋</sup>)
라 하고, 인하여 그 연유를 위와 같이 기록해둔다. 신해년
(1911) 2월 사일<sup>社日</sup>에 쓰다."

그 무렵 허균은 자신의 대표작이랄 수 있는 〈홍길동전〉

을 집필하였다. 당시는 적서嫡庶 차별이 엄하여 서자는 평생 벼슬길에 나아갈 수 없었다. 이는 세조가 서자 출신의 정도전을 죽인 후부터 서자 출신의 관직 진출을 막는 '서얼금고법庶孽禁錮法'이 시행되었다. 〈홍길동전〉은 적서차별 문제를 정면으로 비판한 작품이다. 허균은 명문 사대부 가문의 적자 출신이다. 그런 그가 하필 왜 서자 문제를 다룬 소설을 쓰게 됐을까. 예나 지금이나 사람은 끼리끼리 어울린다. 요즘 말로 하자면 재벌 2세랄 수 있는 그가 서민 자제들과 어울려 지낸 꼴이다.

## '유재론遺才論'서 신분 차별 비판

허균이 서자 문제에 관심을 갖게 된 데는 스승 손곡 이달의 영향이 컸다. 이달은 '조선의 이태백'이라고 불릴 만큼 뛰어난 시인이었으나 서자라는 이유로 평생 불우한 삶을 보냈다. 그런 스승을 보면서 허균은 가슴 아파했다. 허균은 서자 외에도 화가, 무사, 승려, 기생 등 당시 조선사회의 소외계층과 주로 어울렸다. 허균의 이런 모습은 당시 사대부나 양갓집 자제들에겐 눈엣가시처럼 여겨졌다. 혹자는 이런 허균에게서 '평등의 씨앗'을 발견했다고 썼다.

허균이 추구했던 정치개혁 사상의 핵심은 '유재론遺才論'
과 '호민론豪民論'이다. 유재론은 '버려진 인재'라는 뜻인데,
서자와 같은 신분 차별로 인해 제대로 쓰임을 받지 못한 인
재를 말한다. 허균은 당시 조선의 인재 등용 모순과 역기능
을 비판하면서 '유재론'에서 다음과 같이 주장했다.

"...하늘이 사람을 낼 때 구한 집 자식이라고 해서 재주를
넉넉하게 주고, 천한 집 자식이라고 인색하게 주지는 않
았다. 그래서 옛날 어진 임금들은 이런 것을 알고 인재를
더러는 초야에서 구했으며, 낮은 병졸 가운데서도 뽑았
다. 더러는 싸움에 패하여 항복해 온 오랑캐 장수 가운데
서도 발탁했으며, 도둑 가운데서 끌어올리거나 창고지기
를 등용하기도 했다... 그런데 도리어 이들의 벼슬길을 막
고서 '인재가 없다'고 탄식하니, 이는 남쪽 월越나라로 가
고자 하면서 북쪽으로 수레를 모는 것과 어찌 다르리오."

허균은 백성을 세 부류로 나누었다. 윗사람이 시키는 대
로만 하는 항민恒民, 불평불만 속에 세상을 원망만 하는 원
민怨民, 자신의 뜻을 이루기 위해 행동으로 나서는 호민豪民.
허균은 이 세 부류 중에서 항민과 원민은 두렵지 않다고
했다. 반면 호민은 몹시 두려워해야 할 사람이라고 했다. 또

호민이 앞장서면 항민과 원민도 따라나선다고 했다. 호민은 요즘으로 치면 '깨어있는 시민', '행동하는 양심' 정도로 표현할 수 있겠다. 허균의 혁명사상은 이 호민론에 뿌리를 두고 있다.

서얼 차별 극복을 통해 사회변혁을 꿈꿨던 허균의 계획은 아쉽게도 수포로 돌아가고 말았다. 광해군 4년(1612년) 발생한 소위 '칠서七庶 사건' 때문이었다. 서양갑을 비롯한 일곱 명의 서자들이 거사를 도모했다. 광해군 실록에 따르면 이들은 무력으로 궁궐을 장악해서 광해군을 제거하고 스스로 벼슬자리에 오르려 했다고 한다. 말 그대로 반역사건이었다. 허균은 칠서 중의 한 명인 심우영과 절친하다는 이유로 이 사건의 배후로 지목되었다.

급한 김에 허균은 생원시 동기이자 당시 실세였던 대북파의 1인자 이이첨에게 부탁하여 신변의 안전을 도모하였다. 이후 허균은 대북파와 정치적 동거를 하며 한동안 승승장구하였다. 특히 허균은 당시 광해군이 눈엣가시처럼 여기던 인목대비 폐출에 앞장서면서 광해군의 총애를 받게 됐다. 당시 광해군은 설득력 있는 폐비 상소문을 써줄 허균 같은 문장가를 필요로 하고 있었다. 이 일로 그는 재상 반열인 정2품 좌참찬에 올랐다.

그런데 뜻하지 않은 일이 하나 터졌다. 정평으로 유배를

가 있던 기자헌의 아들 기준격이 그의 반역 모의를 밀고했다. 기준격은 허균의 제자이기도 했다. 기준격은 허균이 궁궐을 치기 위해 승군을 조직했고, 처음에는 조카사위인 의창군을 추대하려고 했으나 나중에는 허균 스스로 왕이 되려고 했다는 것이었다. 그러나 허균을 두텁게 신임했던 광해군은 기준격의 고변을 믿지 않았다. 그러나 사헌부와 사간원에서 허균을 역적으로 몰며 처벌을 요구하자 이이첨도 이에 가세하였다. 상황이 이러함에도 광해군은 "허균의 일은 알아서 잘 처리하겠노라"며 처리를 뒤로 미뤘다.

## 이이첨의 꾀에 빠져 변명도 못해

상황이 급박하게 돌아가자 허균은 거사를 서둘렀다. 그 와중에 허균의 심복인 하인준이 남내문 앞에 격서를 써 붙이다가 체포되었다. 하인준은 배후를 불지 않았다. 이이첨은 이번 기회에 허균을 제거하기로 마음먹었다. 사간원에서는 허균과 기준격의 대질심문을 요구하자 광해군이 마지못해 허락하였다. 8월 17일, 허균은 기준격과 함께 옥에 갇혔다. 22일 광해군이 친히 심문에 나섰다. 이때 하인준이 남대문 앞 격서는 허균이 만들었고, 현응민이 글씨를 썼다고 자백했다. 그러자 현응민은 격서는 자신이 도모한 것이라며 모든 죄를 자기가 뒤집어썼다.

그러나 현응민의 자백은 받아들여지지 않았다. 이이첨 일파는 광해군에게 허균을 죽이라고 압박했다. 그러나 그때까지도 허균의 죄상에 대해서는 격서 말고는 별다른 물증이 없었으며, 특히 허균의 자백도 받지 않은 상태였다. 이이첨은 그때까지도 허균에게 "조금만 참으면 곧 풀려날 것"이라며 안심시켰다. 그래서 허균으로서는 미처 변명할 기회도 갖지 못한 상태였다. 그러나 왕은 이이첨 일파의 압박에 결국 처형을 허락했다. 그제야 허균은 자신이 이이첨에게 속은 것을 알고 "할 말이 있다"고 큰소리로 외쳤다. 그러나 이미 상황이 끝나버렸다. 그는 끌려 나갔고, 왕도 이이첨도 모두 못 들은 체했다.

8월 26일, 허균은 하인준, 현응민, 우경방, 김윤형 등과 함께 반역죄로 능지처참형에 처해졌다. 당시에도 사형은 3심을 거치도록 돼 있었으나 허균에겐 이마저도 지켜지지 않았다. 특히 허균은 최종 판결문인 결안決案도 없었다. 기준격의 상소 내용을 모두 사실로 받아들이고 김윤황의 투서와 하인준의 남대문 격서를 물증으로 삼아 유죄로 판단하였다. 그가 역적으로 죽자 연좌적몰緣坐籍沒에 따라 그가 살던 집은 헐려서 연못이 되었다. 조카사위 의창군은 귀양을 갔고, 조카들도 벼슬에서 쫓겨나 귀양을 가게 되었다.

처형 당시 허균의 나이 50세였다. 그는 저잣거리에서 사지가 찢겨 비참하게 죽었다. 그러나 누구도 역적으로 죽은 그의 시신을 수습하지 못했다. 경기도 용인에는 그의 부친 허엽을 비롯해 두 형과 누이 허난설헌 등의 가족묘가 있다. 맨 오른쪽 끝에 있는 그의 묘는 시신이 없는 가묘다. 인조반정 후 억울하게 죽은 사람들이 모두 누명을 벗었으나 허균만은 예외였다. 정파를 떠나 기득권 세력은 사회체제에 정면으로 도전한 그를 끝내 용서하지 않았다. 그가 꿈꿨던 차별 없는 세상은 그의 죽음과 함께 막을 내렸다. 역사학자 한영우는 〈허균 평전〉에서 그의 반역 음모를 아래와 같이 썼다.

"허균은 권력을 잡아 무엇을 하려고 했던가? 일신의 부귀영화를 꿈꾸었는가? 아니면 자신이 꿈꾸어 왔던 이상국가를 세우려고 했던가? 그가 정도전을 마음속으로 흠모한 것, 서경덕이나 율곡 같은 진보적이고 개혁적인 성향의 학자들을 숭앙한 것, 평생 불우한 서얼들을 친구로 삼고 심복으로 키워왔던 것, 그리고 '홍길동전'을 쓴 것을 본다면, 서얼이나 소외된 백성들이 좀 더 어깨를 펴고 살 수 있는 평등한 이상국가에 대한 청사진을 실현하려 했다고 이해하는 것이 사실에 더 가까울 것이다."

시대의 이단아요, 혁명가였던 허균의 삶은 실로 파란만장했다. 세 차례의 유배에 여섯 차례의 봉고파직을 당했다. 우리 역사에서 전무후무한 일이다. 그에 대한 평가는 상반된다. 뛰어난 문장과 식견을 갖춘 지식이라는 평판이 그 하나요, 다른 쪽에서는 행실이 경박하고 인륜 도덕을 더럽혔다는 비판도 있다. 비판의 경우 대개 유교의 격식에서 비롯된 것이다. 당시로선 유교의 울타리를 벗어나는 것은 모두 죄가 되었다. 그러나 지금에서 본다면 별것도 아니다. 죄라면 그가 시대를 너무 앞서서 살았다는 점이다. 혁명가나 선각자는 늘 시대를 앞서가는 법이다. 그는 당시로선 드물게 국제정세에도 밝았다.

## 시대를 너무 앞서간 선각자

허균이 역적이라는 평가도 보기 나름일 것이다. 광해군 자체가 문제가 많은 인물이었다. 임금이 되는 과정도 그랬고, 임금이 돼서도 그랬다. 오죽하면 친형 임해군과 선조의 유일한 적자인 영창대군을 죽였겠는가. 백성들을 좀 더 인간답게 살게 하려고 했던 그 취지 자체를 나빴다고 할 수는 없다. 인조반정으로 광해군 시대가 무너진 것이 그걸 증명한다. 따라서 오늘 이 시점에서 허균을 역적으로 볼 필요는 없다고 하겠다. 비록 그가 자신의 꿈을 펼치지 못했다고 해서 실패한 삶을 살았다고 할 수는 없다. 후대의 견해는 대체로 그렇다.

역사학자 백승종은 "허균은 시류를 벗어난 생각을 가진 사람이었다"며 "남보다 먼저 깨닫는다는 것은 진정한 의미에서 하나의 축복이지 재앙은 아닐 것"이라고 했다. 한문학자 강명관 교수는 "허균이 자신의 재능을 주체하지 못해 경박스럽게 굴었던 것이 사실이지만, 그 천재를 용납하지 못하고 비난으로 일관하다가 마침내 형장의 이슬로 사라지게 한 조선 사회는 더더욱 경망하다"고 평가했다.

또 관찬서랄 수 있는 〈한국민족문화대백과사전〉조차도 "허균은 예교禮敎에만 얽매어있던 당시 선비사회에서 보면 이단시할 만큼 다각 문화에 대한 이해를 가졌던 인물이며, 편협한 자기만의 시각에서 벗어나 핍박받는 하층민의 입장에서 정치와 학문에 대한 입장을 피력해 나간 시대의 선각자였다"고 평가했다. 그가 저지른 가장 큰 죄는 시대를 너무 앞서간 것이었다. 비록 사지가 찢겨 죽었지만 역사 속에서 그는 결코 죽지 않았다.

강릉의 교산蛟山은 산세가 이무기[蛟]를 닮았다 해서 붙여진 이름이다. 허균은 이곳의 지명을 따서 자신의 호를 교산蛟山이라고 지었다. 교산 바로 앞 바닷가에는 교문암蛟門岩이라는 큰 바위가 있다. 전설에 따르면, 신유년(1561년) 어느 날, 이무기가 그 바윗돌을 두 동강으로 깨뜨리고 떠났다고 한다. 이무기는 바위 밑에 엎드려 때를 기다렸지만 끝내 용이 되지 못했다. 어쩌면 허균은 뜻을 펴보지 못하고 생을 마감한 자신의 삶을 예견하고 그런 호를 지은 것은 아닐까.

"50 이전의 나는
한 마리 개였다"

이
탁
오

"무릇 동심이란 참된 마음이다.
만약 동심을 옳지 않은 것으로 여긴다면
이 때문에 진실도 옳지 않은 것이 된다.
그러므로 동심이란 가식이 결코 없는 순수하고
참된 마음으로 사람이 지니고 있는 최초의 본마음이
다. 만약 우리가 이 동심을 잃어버린다면 곧
진심을 잃어버리는 것이며, 진심을 잃어버린다면
곧 참된 사람을 잃어버리는 것이다.
사람으로서 참되지 않다면 다시 처음으로
돌아갈 수 없는 것이다."

앞에서 언급한 허균(1569~1618)은 조선 선조~광해군 시대의 사람이다. 바로 그 시대에 중국 명나라에도 허균 같은 이단아가 있었으니 바로 이탁오<sup>李卓吾·1527~1602</sup>가 그 사람이다. 허균의 대표작 〈홍길동전〉은 이탁오가 극찬했던 〈수호지〉에서 착상했다고 한다. 실지로 허균은 이탁오를 숭앙했고, 그의 영향을 많이 받았다. 허균이 이탁오를 흠모한 것은 맞지만 두 사람이 만난 적은 없다. 둘은 공통점이 많다. 모두 관직에 나아가 관리를 지냈으며, 사후에는 극단적으로 엇갈리는 평가를 받았다. 또 둘 다 비극적인 최후를 맞았다.

### 동서 문화교류 중심지서 태어나

이탁오는 중국 명나라 시대의 사상가다. 본명은 이지<sup>李贄</sup>

이며, 복건성 천주<sub>泉州</sub> 출신이다. 항구도시인 천주는 오랫동안 동·서·남양의 각국과 통상을 하였으며, 나라 안팎 문화 교류의 중심지였다. 천주항은 세계로 가는 중국의 최대 관문으로 중국인들은 천주를 해상 실크로드의 출발점이라고 불렀다. 이런 환경에서 태어난 그는 어려서부터 외국 문물을 접하며 자랐다. 천주에는 종교가 다양했는데 그의 가족은 천주교에 상당한 영향을 받았다. 이탁오는 이탈리아 출신의 선교사 마테오 리치와 세 차례나 만나 교제하였다.

그의 부친은 유교 학문을 가르치는 교사였다. 키가 7척이나 됐으며, 엄숙하고 위엄이 있었다. 이탁오는 생모가 일찍 사망하면서 계모 밑에서 자랐다. 그래서 어려서부터 고독하고 강해지도록 자신을 단련했다. 그런 성격 탓에 이탁오는 타인과의 교류가 적었으며, 다른 사람을 사귈 때는 단점 찾기를 좋아했다. 말하자면 그는 매우 냉정하고 비판적인 성격의 소유자였다. 불과 12세 때 중국인이 성인으로 추앙하는 공자의 사상을 비판하여 주위를 놀라게 했다.

이탁오는 30세부터 25년 동안 관리 생활을 하였다. 첫 관직은 하남성 휘현의 교유로 발령을 받았다. 지방 공립학교의 교사였다. 여기서 5년 동안 근무한 뒤 남경의 국자감 박사(종8품)로 승진하였다. 이 무렵 왜구가 천주를 침략하자 그는 "나라가 먼저"라며 상중임에도 상복을 입고 나가 싸왔다. 37세가 되던 1563년 그는 북경으로 갔으나 당장 자리를 얻지 못하다가 1년 뒤에 북경의 국자감 박사가 되었다. 생활이 안정되자 난리 통에 제대로 치르지 못했던 조상들의 장례를 지내고 가족들의 생계도 돌봤다. 충과 효를 실천하였다.

40세에 그는 예부의 사무司務로 취임하였다. 이 자리는 예부에서 필요한 물건을 구매하고 공문서 수발을 담당하는 하찮은 관직이었다. 적은 급료와 관리들의 부조리를 목격하고 실망도 컸지만 그는 관직을 생계보다는 학문의 탐구를 위한 수단으로 여겼다. 그는 북경에 와서 스승을 찾아 오묘한 도를 찾으려고 애를 썼다. 그런 와중에 그는 주자학에 반대하여 일어난 새로운 학문인 양명학을 접하게되었다. 양명학의 창시자 왕양명은 주자의 성리학인 이학理學에 대하여 심학心學을 주장하였다.

44세가 되던 1570년 그는 북경을 떠나 남경 형부의 종5품인 원외랑이 되었다. 이곳에서 그는 평생동지 초횡焦竑과 경정리耿定理를 만나게 되었다. 초횡은 이탁오 묘비의 글씨를 쓴 사람이다. 또 왕양명의 제자인 왕기와 나여방을 만났는데 그는 이 두 사람을 평생 존경하였다. 태주 출신의 왕간은 태주학파의 시조로 불리는데 이탁오 역시 태주학파에

속했다. 문인과 학자들이 모여든 남경은 강학講學 활동이 매우 활발했다. 이탁오 역시 친구들을 모아 학문을 강론했다. 그의 강학은 한편으로 실험하고 증명하기를 강조하였으며, 또한 실천을 강조하였다. 양명학에서는 실천을 강조하였다.

50세가 되던 1576년에 이탁오는 불교 연구를 시작했다. 모든 중생은 평등하고 누구나 부처가 될 수 있다는 불교의 가르침에 공감하는 바가 컸다. 이를 통해 당시의 유교와 지배계층을 비판하는 이론적 근거로 삼았다. 그는 유교, 불교, 도교의 '3교 합일' 입장이었다. 그는 불교나 유교의 사상 가운데 평등 개념을 탐구했다. 그는 "이 천하에 태어나면서부터 앎의 능력을 갖지 않은 사람은 이 무도 없다"며 "세상에 사람 바깥에 무슨 부처가 있으며, 부처 바깥에 사람이 있느냐"고 주장했다. 이는 허균의 사상과도 일맥상통하고 있다.

남경에서 6년 근무한 후 형부의 원외랑에서 정5품인 낭중으로 승진하였다. 51세 되던 1577년 운남성 요안부의 지부를 맡게 되었다. 25년 관리 생활 중 마지막 관직이자 제일 높은 자리였다. 그는 운남으로 떠나면서 친구에게 보낸 편지에서 "그저 먹고 살기 위해 만리타향으로 가는 것일 뿐"이라고 했다. 재임 기간 중에 그는 백성의 뜻을 따르는 지인至人의 정치를 추구했다. 부임한 지 3년 뒤인 1580년 그는 25년 간의 관리 생활을 마감했다. 그가 떠날 때 짐 속에는 책 몇 권뿐이었다. 백성들이 길을 막고 환송하여 수레가 앞으로 나아가지 못할 지경이었다.

이듬해 51세가 되던 1581년 가을, 그는 고향인 천주로 돌아가지 않고 호북의 황안으로 향했다. 귀향하지 않은 이유는 필요 없이 사람을 만나 시간을 낭비하는 번거로움과 그로 말미암은 구속을 피하기 위해서였다. 그는 낯선 곳에서 혼자 조용히 하고 싶은 학문을 하면서 일생을 마치고자 했다. 그는 진정한 학자이자 자유인의 삶을 추구했다. 황안에서는 경정향이 마련해준 천와서원에 머물렀다. 경정향은 그와 학문적 논적論敵이었고, 나중에 그를 죽음으로 몰고 간 장본이었으니 '호랑이 굴에서 밥을 얻어먹는 격'이었다고나 할까.

채 3년이 못 돼 그는 경정향과 작별하고 마성으로 향했다. 그곳에서 주유당이 마련해준 작은 절 지불원芝佛院에서 기거하였다. 당시 그는 머리를 깎고 지냈다. 이는 세상의 일과 관계하지 않겠다는 표시였다. 당시 사람들이 그를 두고 이단자라고 부르자 "이단이라는 이름에 맞추려 한다"며 이를 조금도 숨기지 않았다. 승려처럼 머리를 깎고 나서 유자儒子를 자처하였으니 그는 유교와 불교 양측에서 비판을 받

았다. 그가 삭발한 것은 모든 인연과 과거와의 단절을 의미
하는 것이었다.

62세 때인 1588년 그는 마성 용호의 지불원에서 첫 번
째 저서인 〈초담집初潭集〉을 출간했다. 이 책은 남조 송대의
유의경이 지은 〈세설신어〉와 초횡의 〈초씨유림〉을 읽고 이
를 독자적으로 편집한 것이다. 총 30권, 100개의 소제목으
로 구성하였다. 이 책의 특징은 이탁오가 자신의 시각으로
역사적 인물이나 사건에 대해 나름의 비판을 한 점이다. 이
책의 '부부론夫婦論'에서 그는 "부부는 사람의 시초다. 부부
가 있은 뒤에 부자가 있고, 부자가 있은 뒤에 형제가 있으
며, 형제가 있은 뒤에 위아래가 있다"며 부부를 천하의 시
초로 봤다. 또 도학가들의 부채와 허위성에 대해서도 신랄
하게 비판했다.

## 〈분서〉 펴내 유교의 전통 공격

64세가 되던 1590년, 그는 마침내 그의 대표 저서인 〈분
서焚書〉를 출간했다. 책 이름 '분서焚書'는 말 그대로 '읽고 태
워버려라'는 뜻으로 붙인 것이다. 〈초담집〉이 유교의 전통

을 공격하는 신호탄이었다면 〈분서〉는 총공세를 편 결정타라고 할 수 있다. 그는 서문에서 이렇게 썼다.

"근래 학자들의 고질, 즉 결정적 병폐를 깊이 파고들어 자극한 것이 많다. 그러므로 이 책을 읽는다면 그들이 반드시 나를 죽이려고 할 것이다. 그러므로 태워버리려는 것이다. 하나도 남기지 말고 태워버리는 것이 좋겠다... 귀에 거슬리는 사람은 반드시 죽이려 할 것이니 이는 참으로 두려운 것이다. 그러나 내 나이 64세인데 혹시 사람들의 마음속에 받아들여지는 것이 하나라도 있을지 모른다. 다행히 있으리라고 기대한다. 그러므로 이에 간행하는 것이다."

'분서焚書'라면 진시황의 '분서갱유焚書坑儒'가 떠오른다. 이는 진시황의 대대적인 유학자 탄압에서 비롯됐다. 그런데 이탁오는 자기가 쓴 책을 스스로 '태워버릴 책'이라고 했다. 비단 자신의 책이 태워지는 것은 물론이요, 여기서 한 발 더 나아가 죽음을 무릅쓰고 이 책을 출간한 점이다. 그는 유학자들을 향해 자신의 책을 태우려면 태우라고 겁도 없이 외쳤다. 이로써 그는 유교와 전면전을 개시했다.

이탁오 사상의 요체 가운데 하나는 '동심설童心說'이다.

그는 인간의 본심은 도리와 견문에 영향을 받지 않은, 지고 지순의 상태인 동심이라고 봤다. 아이가 사람의 처음인 것처럼, 동심은 우리 마음의 처음이라고 했다. 이는 맹자의 성선설과도 일견 맥이 닿아 있다. 그의 '동심설' 첫 대목을 보면,

"무릇 동심이란 참된 마음이다. 만약 동심을 옳지 않은 것으로 여긴다면 이 때문에 진실도 옳지 않은 것이 된다. 그러므로 동심이란 가식이 결코 없는 순수하고 참된 마음으로 사람이 지니고 있는 최초의 본마음이다. 만약 우리가 이 동심을 잃어버린다면 곧 진심을 잃어버리는 것이며, 진심을 잃어버린다면 곧 참된 사람을 잃어버리는 것이다. 사람으로서 참되지 않다면 다시 처음으로 돌아갈 수 없는 것이다."

이탁오는 인간이 가져야 할 최초의 참된 마음은 동심이라고 여겼다. 그런데 사람이 공부하고 성장하면서 도리와 견문이 쌓이게 되면 동심을 잃어버린다고 했다. 도리와 견문은 책을 많이 읽고 의리를 많이 알게 되면서 비롯한다고 했다. 그렇게 되면 사람이 가식의 말을 하고 가식의 일을 하며 가식의 글을 쓰게 된다고 했다. 여기서 그는 유교

의 경전인 6경(시경, 서경, 주역, 춘추, 예기, 악경)과 〈논어〉〈맹자〉
를 정면으로 비판하였다.

"무릇 6경과 〈논어〉 〈맹자〉는 역사를 쓰는 사관들이
지나치게 높이 추켜세운 말이 아니면, 신하들이 극히 찬
미한 말의 기록에 지나지 않을 뿐이다. 그렇지 않으면 멍
청한 문도門徒와 흐리멍텅한 제자들이 스승의 학설을 기
억하되, 머리는 있고 꼬리가 없으며, 앞은 얻었는데 뒤를
잃어버려서 그 소견에 따라 책에다 써놓은 데 불과하다.
그럼에도 후학들이 그것을 제대로 살피지 못하고 그것이
모두 성인의 입에서 나왔다고 말하면서 차례를 정해 경
전으로 만들었으니 그 태반이 성인의 말이 아닌 줄 누가
아는가? 약과 의사는 병에 따라야지 정해진 한 처방만을
고집해서는 안 되는 것이니 이 어찌 한 가지로 만세에 변
할 수 없는 최고의 이론으로 삼을 수 있단 말인가?"

이탁오는 공자, 맹자와 같은 유교의 성인들과 함께 한
축을 이루는 경전의 신성함과 권위를 한 칼에 베어 무력화
시켜 버렸다. 그는 또 "시는 왜 반드시 옛것에서 뽑아와야
하며, 문장은 왜 반드시 선진先秦에서 가져와야 하느냐?"며
유자들의 6경 같은 경전 인용 관행을 정면으로 지적했다.

이런 비판은 그 이전에도 없었고, 이후에도 없을 것이다. 그는 "50세가 되기 이전에 나는 참으로 한 마리 개에 불과했다. 앞의 개가 그림자를 보고 짖으면 나 역시 따라 짖을 뿐이었다"고 솔직하게 실토했다. 공맹의 유학을 공부한 50세 이전의 자신의 삶은 '무위無爲', 즉 아무것도 한 것이 없다며 유학과 함께 자아비판도 했다. 그는 50 이후부터는 개로 살지 않기로 작심했다.

이탁오가 71세가 되던 1597년, 초횡은 그에게 용호로 돌아오라며 편지를 보냈다. 그러나 이탁오는 이를 거절하였다. 여기엔 두 가지 이유가 있었다. 하나는 마성의 지불원에서 자신을 해치려는 음모가 있었음을 알았기 때문이다. 그는 초횡에게 보낸 답서에서 "용호는 내가 죽을 곳이 아닙니다. 나보다 나은 좋은 친구가 있고, 진정으로 나를 아는 사람이 있으면 그곳이 바로 내가 죽을 곳입니다"라며 "죽어서 오히려 협객의 기골을 지녔다는 평가를 듣고, 열사의 명성을 얻게 된다면 그것을 어찌 용호의 평범한 죽음에 비교하겠습니까?"라고 밝혔다. 그는 이미 죽는 것을 두려워하지 않았다. 자신에게 닥치는 박해에 대해 이단을 자처하면서 협객이나 열사처럼 죽기를 바랐던 것이다.

## 선악의 기준, 고정관념 극복해야

1599년 7월, 그의 나이 73세 되던 해에 그는 남경에서 〈장서藏書〉를 출간했다. '감추어둘 책'이란 제목의 이 책은 이탁오의 최대 역작으로 꼽힌다. 〈장서〉는 '세기' 9권, '열전' 59권, 총 68권으로 구성돼 있다. 대체로 이 책은 역사 인물에 대한 평가가 주를 이루고 있다. 이탁오는 그 자신의 독특한 시선과 필체로 인물론을 펼쳤다. 물론 다분히 비판적 접근방식이었다. 〈장서〉의 성격을 두고 원중도는 이렇게 썼다. 맛깔스러우면서도 그 속에 가시가 있다.

"무릇 6경이나 유가의 책들은 기름지고 맛있는 음식과도 같다. 세상의 좁쌀이나 고기를 지나치게 많이 먹으면 체해서 뱃속이 더부룩해 소화가 잘 안 된다. 그러므로 의사가 약초인 대황이나 콩 같은 촉두蜀豆로써 체한 오물을 배설시키고 나면 환자는 비장이나 위가 회복되어 병이 완쾌된다."

이탁오는 선악의 기준이나 시비是非의 평가에서 고정관념을 극복해야 한다고 강조했다. 시대가 바뀜에 따라 기준이나 평가가 달라질 수 있다는 것이었다. 그는 〈장서〉의 서문에서 "무릇 시비의 다툼은 해나 때의 바뀜과 같고 밤낮의 바뀜과 같아 하나가 아니니 어제 옳던 것이 오늘에 틀리고 오늘 틀린 것이 뒷날에 맞을 수도 있다"며 "공자가 오늘날 다시 태어난다 하더라도 그 역시 시비를 어떻게 해야 할지 모를 것이다. 그런데 어찌 그의 시비 표준으로써 사람들의 행동에 상과 벌을 주는 기준으로 삼을 수 있단 말인가"라고 물었다. 그는 맹자가 죽은 후 한·당·송 3대의 천 백여 년 동안 시비가 없었던 것은 모두 공자의 시비로써 판단 근거를 삼았기 때문이라고 단정했다.

이탁오의 비판적 사상 가운데 현대에 와서 재평가되고 있는 것은 사회통념을 초월한 여성관이다. 명대에는 "여자가 재주 없는 것이 바로 덕德"이란 사회 분위기가 지배했었다. 이탁오는 〈초담집〉에서 부부편을 제일 먼저 다룬 데서 보듯이 그는 여성의 재능을 높이 샀다. 여성에게도 남성과 같은 교육 기회를 제공해야 한다고 주장했다. 그래서 지불원 강학 때 여자도 참석시켰다. 이 때문에 나중에 오해를 사게 되고 또 장문달의 탄핵 사유가 되기도 했다. 그러나 이탁오는 자신의 뜻을 굽히지 않았다. 그는 여성의 자유결혼과 함께 남녀공학을 통해 평등의 실현을 강조했다.

이탁오는 마성의 지불원에서 16년 가까이 지냈다. 이곳에서 〈초담집〉과 〈분서〉를 펴냈으며, 불자들에게 강연을 하기도 했다. 그로서는 학문과 저술에 전념하면서 보낸 행복한 시간이었다. 그러나 그런 생활도 오래 가지 않았다. 갈수록 그에 대한 공격과 박해가 심해졌다. 급기야 지불원이 헐리고 그의 사후에 뼈를 매장하려던 탑도 헐렸으며, 결국 그는 쫓겨나고 말았다. 이탁오가 75세이던 1601년 초, 마경륜은 그의 축출에 분개해 당국에 진정서를 냈다. 당국이 노령의 이탁오를 보호해야 한다고 주장했으나 아무 소용이 없었다. 마침내 그에게 죽음의 그림자가 드리워지기 시작했다.

76세 때 이탁오의 병세가 악화돼 '유언'을 썼을 무렵 마침내 일이 터지고 말았다. 예부에서 대신들을 탄핵하는 업무를 맡고 있던 장문달이 황제에게 그를 탄핵하는 상소를 올렸다. 요지는 이탁오가 〈장서〉 〈분서〉 같은 책을 써서 인심을 현혹시켰으며, 6경 같은 경전을 부정하고 불교를 받들어 공자의 유교 정신을 훼손하였다는 것이었다. 특히 상소문의 3분의 1에 해당하는 것은 이탁오의 여성 관계였다. 사대부집 여인들을 불법으로 공부시킴으로써 당시의 사회윤리를 어지럽혔다는 것이었다. 장문달은 황제에게 이탁오를 고향으로 돌려보내고 그가 쓴 책은 전부 불태울 것을 주청했다. 황제 신종은 이탁오가 세상을 어지럽힌 죄를 엄중히 다스리고 그의 책을 전부 찾아내 불태우라고 명했다.

마침내 이탁오는 옥에 갇히게 됐다. 이번에도 마경륜이 나서서 변호하였으나 소용이 없었다. 이탁오는 옥중에서 책을 읽으며 장엄한 최후를 준비하였다. 옥중에서 그는 죽음을 준비하며 8수의 시를 남겼는데 자신을 서노<sup>書奴</sup>, 즉 '책의 노예'라고 지칭했다. 마지막으로 그는 9년 동안 자신을 따르며 함께 생활했던 왕본아(왕정아)를 생각하며 최후의 시 한 수를 남겼다. 이 시에서 그는 '거칠게 우거진 풀밭 속 내 무덤이 어디인지 알아도 내 무덤에 술을 따르며 닭을 구워 요란하게 조상<sup>弔喪</sup>하지 말아라'고 썼다.

옥중에서 그는 '지혜로운 사람이 죽는 방법 다섯 가지'를 쓴 바 있다. 그는 처자식 옆에서 죽어가는 것은 천하에 흔해 빠진 세속의 평범한 방식이라며 훌륭한 죽음 방법은 아니라고 했다. 대장부가 세상에 태어날 때 그 까닭이 있었듯이 죽을 때도 반드시 그리해야 한다고 했다. 당국이 그를 고향인 전주로 돌려보내려고 하자 그는 "내 나이 76세인데 여기서 죽겠다"며 거부하였다. 그리고는 3월 15일 심부름하는 사람을 불러 머리를 깎게 하고는 돌연 그의 칼을 빼앗아 자신의 목을 찔렀다. 그 이튿날 마침내 그는 숨이 멎었다. 그를 변호했던 마경륜이 통주의 북문 밖에서 그를 장사지냈다.

유자들은 자신들이 신봉했던 공자를 비판했던 이탁오를 미워했다. 관찬서인 〈사고전서〉를 편찬한 기윤은 이탁오를 극혐하였다. 이탁오의 저서들은 청나라 초기에 금서목록에 편입돼 이후 3세기 동안 지하창고에 갇힌 격이 됐다. 그러나 그의 사후에 당시 지식인들은 그의 책을 몰래 읽으며 보물처럼 여겼다고 한다. 이탁오의 평생동지였던 초횡은 "선생의 저서가 학자들의 귀에 익숙해져 그들의 저울이나 거울처럼 삶의 표준이 될 것"이라며 "그가 아직 성인은 아니지만 성인의 두 번째 자리에 앉을 만하다"고 평가했다.

## '사회주의 중국'에서 화려하게 부활

중국의 근대혁명인 5·4혁명 때 이탁오 재평가 움직임이 일었다. 통주의 서해자공원에 있는 그의 묘가 다시 손질되었고, 그의 저서들도 새로 출간되었다. 그의 사후 313년 만의 일이었다. '공자의 상점을 타도하라打孔家店'를 깃발로 내걸고 유교를 비판했던 오우는 역사의 망각에서 그를 다시 불러냈다. 중화민국 초의 문인 주유지는 이탁오를 '중국 근대 남방문화의 결정'이라며 그의 독립적 창의 사상과 외래문화 흡수능력, 모험정신 등을 높이 평가하였다. 특히 문화

혁명 당시 '비림비공批林批孔운동', 즉 임표林彪와 공자에 대한 비판이 거세게 일 적에 그는 다시 세인의 주목을 받게 되었다. 1974년 사회주의 중국에서 그의 〈장서〉와 〈속장서〉를 출판하면서 그는 화려하게 부활하였다.

이탁오는 25년 동안 여러 곳에서 관직을 지냈다. 그러나 그는 당시 세상을 지배하던 유교적 권위에 맹종하지 않았다. 그는 '50세 이전까지는 한 마리 개에 불과했다'며 금욕주의와 신분 차별을 강요하는 예교禮教를 부정하며 남녀평등을 주장했다. 또 개인의 권리와 자유와 행복이 중요하다며 '개인행복론'을 폈다. 특히 그는 공맹의 가르침을 진리라 믿고 이를 배우거나 단련하기보다는 진리는 보물을 캐는 것이라며 '채도론探道論'을 폈다. 이 때문에 그는 반反유교적이라는 이유로 박해를 받았으나 끝내 자신의 뜻을 굽히지 않았다. 그의 개혁 사상은 조선은 허균, 일본은 메이지 유신 시기의 선각자 요시다 쇼인吉田松陰에게 큰 영향을 끼쳤다.

이탁오는 중국 역사 교과서에 진보적 사상가로 소개돼 있다. 그는 1984년 인민일보와 중국 공산당 중앙연구원이 합작하여 평가한 '중화영걸록中華英傑錄' 82인에도 포함됐다. 이탁오는 20세기 들어서도 사회주의 중국에서 가장 많이 연구되고 평가받는 인물이다. 한때 금기의 인물이요, 이단자로 평가받던 그였다. 이탁오의 묘비에는 '일대 종사一代宗師 이탁오선생지묘'라고 적혀 있다. '일대 종사一代宗師'는 '한 시대의 으뜸가는 스승'이란 뜻이다.

불온한 조선 청년을
사랑한

가
네
코

후
미
코

"나는 답한다.

산다는 것은 단지 움직이는 것만을 뜻하지 않는다.

자신의 의지에 따라 움직이는 것을 의미한다.

즉, 행동은 살아가는 일의 전부가 아니다.

그리고 그저 살아간다는 것에는 아무런 의미도 없다.

행위가 있고서야 비로소 살아 있다고 말할 수 있다.

따라서 자신의 의지에 따라 움직였을 때,

그 행위가 비록 육체의 파멸을 초래한다 하더라도

그것은 생명의 부정이 아니다. 긍정이다."

# 가네코 후미코

---

근자에 독립운동가들의 항일 독립투쟁을 다룬 영화가 큰 인기를 거둔 적이 있다. 2015~2017년에 개봉된 '암살' '밀정' '박열' 등이 그것이다. 이 가운데 '박열'은 아나키스트 출신의 독립운동가 박열과 그의 동지이자 아내인 가네코 후미코의 사상과 옥중투쟁에 초점을 맞춘 영화라고 할 수 있다. 후미코는 박열과 함께 죽기로 맹세할 정도로 사상적으로나 애정 면에서 각별했다. 일본인인 가네코 후미코가 당시로선 불온한 사상을 지녔던 조선인 청년을 흠모한 이유는 무엇이었을까? 또 그녀는 왜 23세의 꽃다운 나이에 감옥에서 의문의 자살로 생을 마쳤을까?

## '무적자'로 온갖 차별대우 받아

가네코 후미코金子文子는 1903년 일본 요코하마에서 태어났다, 박열보다 한 살 아래였다. 가네코의 아버지 사에키 분이치는 가나가와 현에서 항만 매립공사장 사무원으로 일했다. 후미코의 어머니 가네코 기쿠노는 가난한 산골 농사꾼의 딸로 태어났다. 후미코의 부친 분이치는 가문에 대한 자부심이 대단해 가네코 기쿠노를 자기 호적에 올리지 않았다. 분이치는 처음부터 기쿠노와 부부로서 살아갈 마음이 없었으며, 좋은 상대가 나타나면 기구노를 버릴 생각이었다. 이 때문에 두 사람 사이에 난 자식들까지 호적이 없는 무적자가 되었다. 후미코가 사에키 대신 가네코라는 성을 쓰게 된 것도 이 때문이다.

후미코는 취학연령인 일곱 살이 되었으나 소학교에 입학할 수 없었다. 무적자여서 입학통시서가 나오지 않았다. 할 수 없이 후미코는 빈민굴에 있는 사설학교에 다녔다. 사설학교 교사는 출석 점검 때 후미코의 이름을 부르지 않았다. 또 1학년 마치고 수업증서도 받지 못했다. 모두 무적자라는 이유 때문에 받은 차별대우였다. 후미코는 어린 시절부터 이같은 굴욕과 차별대우를 받고 자랐다. 무적자의 자식이라는 이유로 아이들이 감당해야 하는 고통은 제도의 결함 때문이었다. 후미코가 불합리한 국가 질서에 대한 비판의식을 갖게 된 것은 이것이 출발점이었다.

동거남과 헤어진 어머니는 외할아버지의 권유로 잡화상의 후처로 들어갔다. 그러면서 후미코를 외갓집에 맡겼다. 후미코는 어머니에게 버림받았다는 사실에 큰 충격을 받았다. 소학교에 입학해서도 차별은 여전했다. 체조 시간에는 언제나 맨 뒤에 서야 했고, 통신표도 받지 못했다. 그럼에도 후미코의 성적은 우수했다. 2학년 때 6학년생 독본을 읽을 정도로 재능이 있었다. 비록 차별은 받았지만 배울 수 있다는 점에서 후미코의 학교생활은 나름 즐거웠다.

10살이 되던 1912년 가을, 딸 부부와 함께 조선에 나가 살던 후미코의 친할머니가 가네코 집안을 방문했다. 함께 살고 있던 딸 부부에게 자식이 없어 후미코를 양녀로 들이기 위해 온 것이었다. 외갓집에서도 동의했는데 후미코가 무적자라는 것이 문제가 되었다. 그래서 그해 10월 14일 자로 후미코를 외할아버지(가네코 도미타로)의 5녀 '가네코 후미코'로 호적에 올렸다. 호적상으로 후미코는 어머니의 막내 여동생이 된 셈이다. 얼마 뒤 후미코는 친할머니를 따라 조선으로 건너오면서 7년간의 고단한 조선 생활이 시작되었다.

당시 친할머니와 고모 내외가 살던 곳은 충북 부강(현 충북 청원군 부용면 부강리). 고모부는 악덕 고리대금업자였으며, 고

모는 성질이 포악했다. 그해 12월에 후미코는 부강심상소
학교 4학년에 편입했다. 학업 성적도 우수하고, 행실도 발
라 우수상을 받기도 했다. 그러나 고모와 할머니는 후미코
가 공부하는 것을 싫어해서 툭 하면 학교에 보내지 않았다.
한번은 후미코가 우물가에서 냄비를 씻다가 한쪽 손잡이
를 떨어뜨리는 바람에 냄비가 박살이 났다. 그러자 할머니
는 냄비값 1원 50전을 후미코가 외가에서 받은 전별금에서
뺐다. 할머니와 고모는 겨우 12, 13세의 후미코를 하녀처럼
부리며 욕설과 매질을 일삼았다. 참다못해 후미코는 양 소
매에 자갈을 넣고 부용강 절벽 아래서 투신자살할 생각을
했었다. 그때의 심성을 자서전에서 이렇게 적었다.

"세상에는 아직 사랑할만한 것이 얼마든지 있다. 아름다
운 것이 무수히 있다. 내가 사는 세계는 할머니나 고모의
집에 머무르지 않는다. 그렇게 생각하자 나도 모르는 사
이에 '죽어서는 안 된다'는 생각까지 하게 되었다. 그렇다.
나처럼 고통을 받으며 살아가고 있는 사람들과 더불어 고
통을 가하는 사람들에게 복수하지 않으면 안 된다. 그렇
다. 죽어서는 아니 된다."

## 3·1운동 목격, '반역적 기운' 일어

후미코는 조선에 체류하면서 압박받고 착취당하는 조선인들에게 끝없는 동정심을 느꼈다. 그중에서도 가장 깊은 동정을 드러낸 것은 1919년 3월의 '3·1운동'이었다. 후미코가 살던 부강에서도 만세 소리가 울려 퍼졌고, 이를 제지하기 위해 헌병들이 말을 타고 마을을 바삐 돌아다녔다. 조선인들은 밤이 되면 산으로 올라가 횃불에 불을 붙여 만세를 불렀다. 그런 일이 4, 5일 동안 계속되었으며, 부용면에서는 4월 1일에도 산상 봉화 시위가 있었다. 후미코의 조선 체험은 그녀의 사상 형성의 기반이 되었다. 후미코는 나중에 재판 때 그때의 일을 다음과 같이 회고했다.

"조선인들이 지니고 있는 사상 중에서 일본인에 대한 반역적 정서만큼 제거하기 힘든 것은 없을 것입니다. 1919년에 있었던 조선의 독립 소요 광경을 목격한 다음 나 자신에게도 권력에 대한 반역적 기운이 일기 시작했으며, 조선 쪽에서 전개하고 있는 독립운동을 생각할 때 남의 일이라고는 생각할 수 없을 정도의 감격이 용솟음쳤습니다."

만 16세가 되던 1919년 4월, 후미코는 부강을 떠나 일본으로 돌아왔다. 거처는 외할머니 집이었다. 작은외삼촌 모토에이는 에린지라는 작은 절의 소유자이자 이 절의 승려로 있었다. 얼마 후 분이치가 딸 후미코의 귀국 소식을 듣고 찾아왔다. 그날 밤 분이치는 처남인 모토에이와 밤늦게 술을 마시면서 모종의 작당을 했다. 분이치는 모토에이의 절 재산을 노리고 후미코를 외삼촌인 모토에이에게 시집보낼 작정이었는데, 모토에이도 이에 흔쾌히 승낙했다. 호적상 후미코는 엄마의 여동생으로 되어 있어서 법적으로만 보면 오빠와 결혼하는 셈이었다. 당시 일본은 근친혼이 합법이었다. 아버지의 결정에 따라 후미코는 신부수업 차원에서 여자기술학교 재봉과에 입학했다. 그러나 재봉 수업은 후미코의 지적 욕구를 만족시키지 못했다. 후미코는 여자사범학교에 들어가 교사가 되려고 했으나 이 역시 뜻대로 되지 않았다.

결국 후미코는 도쿄로 떠나기로 결심했다. 주변 사람들의 그늘에서 벗어나 당당하게 자립하기로 마음먹었다. 아는 사람도 없고 아무 준비도 없었지만 일단 한번 부딪혀보기로 했다. 1920년 4월, 일본으로 돌아온 지 만 1년 만에 후미코는 도쿄행에 올랐다. 여학교 검정고시를 본 뒤 여자의전醫專에 진학할 작정이었다. 일단 신문판매점에서 숙식을 해결하면서 세이소쿠正則 영어학교에서 영어를, 겐슈研數학관에서 수학을 배웠다. 당시 고학생 중에는 이런 생활을 하는 사람이 많았다. 그런데 길거리에서 신문을 팔면서 학업을 계속하기란 쉽지 않았다. 후미코는 한 고학생의 도움으로 가루비누 장사를 시작했다. 그러나 생각대로 장사가 잘되지 않았다. 후미코가 마지막으로 몸을 의탁한 곳은 '이와사키 오뎅집'이었다.

　신문 판매를 할 때 후미코는 새로운 세계에 눈을 뜨게되었다. 매장에서 사회주의자 하라사와를 알게 됐는데, 그를 통해 사회주의자 및 무정부주의자 등 다양한 사람을 만나게 되었다. 1920년 12월 일본 사회주의동맹이 창립되었는데 여기엔 조선인도 몇 명 가담했다. 한 달 앞서 조선인 고학생들과 노동자들은 상호부조를 목적으로 고학생동우회를 창립했다. 간부는 박열, 김약수, 백무 등이며 회원수는200명이 넘었다. 이 가운데 박열, 원종린, 황석우 등 조선인 공산주의자와 무정부주의자 십여 명은 1921년 11월 흑도회黑濤會를 결성했다. 후미코는 일본인 무정부주의자 단체인 노동사勞動社에 가입했다.
　후미코가 종업원으로 일하던 이와사키 오뎅집은 사회주의자와 신문기자, 회사원, 문인 등이 자주 드나들었다. 사회주의에 동정적이었던 이와사키가 오뎅에 '사회주의 오뎅'이라는 이름을 붙여서 판 덕분이었다. 낮에는 손님을 맞아야 했기에 세이소쿠 영어학교 야간부를 다니던 후미코는 거기서 니야마 하쓰요라는 친구를 알게 됐다. 니야마는 독서를 많이 하였고, 아는 것이 많아 후미코의 지적 욕구를 충족시키기에 충분한 친구였다. 후미코는 니야마가 추천해준 책을 통해 슈티르너, 니체 등의 허무주의 사상을 접하게 되었다. 나중에는 사회주의나 무정부주의 사상도 공감하게 되었다.

이와사키 오뎅십에서 일하기 시작한 지 얼마 되지 않은 1922년 2월경, 후미코는 박열을 알게 되었다. 박열과의 만남은 정우영을 통해서였다. 하루는 세이소쿠 영어학교로 가는 길에 정우영의 하숙집을 들렀다. 정우영은 후미코에게 〈청년조선〉이라는 제목의 잡지 교정지를 보여주었다. 그 잡지에 허무주의자 박열의 '개새끼'라는 시가 실려 있었다. 이때 후미코는 박열이라는 이름을 처음으로 알게 됐다. 아래는 박열의 시 '개새끼' 전문.

나는 개새끼로소이다
하늘을 보고 짖는
달을 보고 짖는

보잘것없는 나는 개새끼로소이다

높은 양반의 가랑이에서
뜨거운 것이 쏟아져 내가 목욕을 할 때
나도 그의 다리에다 뜨거운 물줄기를 뿜어대는
나는 개새끼로소이다

후미코는 박열의 시를 읽고 큰 충격을 받았다. 후미코는
이 시에서 뭔가 강한 힘을 느꼈다. 시를 다 읽었을 때 후미
코는 황홀할 정도였으며, 가슴속에서 피가 뛰었다. 마치 그
간 자신이 찾아 헤매던 것을 이 시에서 발견한 기분이 들
었다. 무엇보다도 후미코는 이 시에서 강력한 반역의 기분
이 치밀어 오름을 느꼈다. 후미코는 정우영에게 박열을 만
나보고 싶다고 했다. 얼마 뒤 박열이 오뎅집을 찾았다. 그날
밤 후미코는 학교 수업을 마치고 중국요릿집으로 가서 박
열에게 고백했다. 둘은 그해 5월부터 동거에 들어갔다. 동거
에 들어가면서 후미코는 박열과 세 가지를 약속했다. 첫째,
동지로서 함께 살 것, 둘째, 내가 여성이라는 관념을 반드시
제거할 것, 셋째, 둘 중 하나가 사상적으로 타락하여 권력
자와 악수하는 일이 생길 경우 즉시 공동생활을 그만둘 것.

후미코를 한눈에 사로잡은 박열朴烈은 누구인가? 박열은 1902년 경북 문경에서 태어났다. 본명은 박준식. 집안은 비교적 부유했으며, 강단이 있는 성격의 소유자였다. 박열은 보통학교(초등학교)에 진학하면서 일제의 억압과 민족차별을 인지했다. 경성고등보통학교 시절에 3·1운동에 참가했으며, 친구 4~5명과 독립신문을 발행하고 격문을 뿌리기도 했다. 1919년 10월, 박열은 일본으로 건너갔다. 조선에서는 지속적인 독립운동이 불가능하다고 판단했기 때문이었다. 반일 민족주의자였던 박열은 사회주의에 실망한 나머지 무정부주의를 거쳐 최종 허무주의로 이행했다. 그의 허무주의는 민족주의의 일환이었다.

## 박열, 일본 고위인사 테러 계획

일본으로 건너온 후 박열은 활발하게 활동했다. 1920년 11월에 설립된 고학생학우회 간부로 활동하였으며, 그해 6~7월경에는 조선인 학생 15~16명과 혈권단이라는 폭력단체를 조직했다. 이듬해 10월경에는 무정부주의와 사회주의 성향의 조선인 학생, 노동자로 조직된 의권단에 가입했다. 이 단체는 조선인 친일파와 조선인을 모욕하는 일본인 응징이 목적이었다. 그해 11월 흑도회를 조직한 박열은 이 무렵부터 일본 황족이나 고위인사 테러 계획을 세웠다.

1차로 일본인 외항선원 스기모토에게 폭탄을 구해달라고 부탁했으나 성사되지 못했다. 그러던 중 1922년 2월경, 중국 상해에서 항일운동을 하던 최혁진이란 청년이 찾아와 폭탄 입수와 거사를 돕겠다고 했다. 그러나 그도 시간만 보낼 뿐이었다. 이때까지의 일을 후미코는 알지 못했다. 3차로 상해 임시정부 사법부장 출신의 김한과 연락이 닿아 다시 폭탄 입수계획을 추진했다. 그러나 이 역시 무산되었다. 폭탄 운반자들이 조선과 만주 국경에서 붙잡힌데다 1923년 1월 서울에서 김상옥 의사의 거사 여파로 김한이 체포되고 말았다. 박열은 자신이 직접 상해로 가서 폭탄을 구해올까 하였으나 후미코가 반대하였다.

1922년 7월, 후미코와 박열은 흑도회 기관지 〈흑도〉를 창간했다. 후미코는 '박문자'라는 필명으로 일제의 조선인 차별 등에 대한 글을 썼다. 두 사람은 일본 경찰에게 '요시찰 조선인 갑호<sup>甲號</sup>' 해당자였다. 소위 '불령선인<sup>不逞鮮人</sup>' 중에서도 1급이었다. '불령<sup>不逞</sup>'은 뻔뻔스럽고 무례하다는 뜻으로, 조선인을 비하한 말이다. 그래서 두 사람은 동지들과 논의하여 아예 '불령사<sup>不逞社</sup>'를 창립하여 간판까지 내걸었다.

설립목적은 일본제국주의에 반대하는 폭넓은 대중조직 결성이었다. 회원은 모두 20대, 중등 학력 이상이었으며, 회원 23명 중에 일본인은 6명이었다. 정례모임은 후미코와 박열의 집에서 가졌다.

이런 와중에도 박열은 폭탄 입수에 정신이 빠져 있었다. 4차로 물망에 오른 인물은 '흑도'를 통해 박열을 신봉하게 된 김중한이었다. 박열은 김중한에게 가급적 9월 이전에 폭탄을 구해달라고 부탁했다. 히로히토 황태자의 결혼식이 9월로 예정돼 있어서 그때 사용할 요량이었다. 그런데 당시 니야마와 연애를 하고 있던 김중한이 이런 사실을 니야마에게 발설하였다. 이 일로 박열은 심중한을 비난하였고, 급기야 두 사람은 공개석상에서 격한 언사를 주고받았다. 이 때문에 '폭탄 입수계획'이 불령사 회원들에게 알려져 버렸다.

1923년 9월 1일, 간토關東 일대에서 대지진이 발생했다. 이 와중에 조선인이 불을 지르고 우물에 독약을 푼다는 유언비어가 퍼졌고, 일본 정부는 도쿄 등 인근 5개 군에 계엄령을 선포했다. 군대와 경찰, 자경단 등은 닥치는 대로 조선인을 학살했다. 12월 5일자 〈독립신문〉 보도에 따르면, 학살된 조선인 수는 6,618명에 달했다. 조선인 폭동은 애초에 있지도 않았다는 사실을 치안 당국도 잘 알고 있었다.

한일병탄 후 일선동화<sup>日鮮同和</sup>를 내건 일본 정부로서는 몹시 당혹스러웠다. 뭔가 탈출구가 필요했다. 그때 그들에게 떠오른 인물이 박열이었다. '적화선인<sup>赤化鮮人</sup>' 딱지에다 '폭탄 입수계획' 정보를 이미 탐지한 상태였다.

대지진 발생 이틀 뒤인 9월 3일, 박열과 후미코가 도쿄 자택에서 체포되었다. 검속<sup>檢束</sup> 명목은 '보호검속'이었다. 불령사 회원들의 검속은 9월 하순부터 시작돼 10월 중순에 완료되었다. 이들은 경시청 취조나 검사 취조 단계에서 폭탄 입수계획을 다 실토하였다. 특히 니야마는 박열한테서 "올 가을이 혁명의 최적기이다"라는 말을 들었다고 했다. 여기서 '올 가을'은 황태자 결혼식을 염두에 둔 것이었다. 결국 니야마의 진술은 폭탄 투척 대상과 시기를 특정한 셈이 됐는데, 이는 대역 사건으로 몰아가기에 안성맞춤이었다. 여기에다 최영환은 폭탄 사용 대상자를 '황태자 전하' 운운하며 한 발 더 나갔다.

후미코 역시 폭탄 입수계획을 시인하였다. 다른 동지들에게 피해를 주지 않기 위해서였다. 박열 역시 다 털어놓았다. 박열은 폭탄 입수계획은 자기 혼자 추진한 일이라며 혼자 떠안으려고 했다. 10월 20일, 조선인 학살사건 보도 해금 날짜에 맞춰 박열 등 16명이 기소되었다. 언론은 기다렸다는 듯이 냉큼 이를 받아 '진재(震災)를 틈타 불령선인의 비밀결사 대검거'라며 대서특필했다. 이 기사는 조선인 학살사건을 정당화하는데 아주 시의적절한 기사였다. 기소 이후 여러 차례 예심을 거쳐 2월 15일, 검사국은 박열, 후미코, 김중한 등 3인을 폭발물단속벌칙위반 혐의로 추가 기소했다. 박열과 후미코의 노력 덕분에 다른 동지들은 모두 풀려났다.

후미코는 예심을 사상적 저항의 장으로 활용하였다. 1월 25일 열린 제5차 예심에서 "황족은 성치의 실권지인 제2계급(대신 및 기타 실권자)이 무지한 민중을 기만하기 위해 날조한 가없은 꼭두각시이자 나무 인형이라고 생각한다"며 "박열과 동거 후 이 두 계급을 향하여 폭탄을 던지리라 생각했다"고 말했다. 5월 14일 제12차 예심 때는 "도련님(황태자) 한 사람에게만 폭탄을 던지는 것도 괜찮겠지만, 만약 가능하다면 도련님과 함께 대신을 비롯한 정치 실권자들도 해치우고 싶다고 생각했다"고 진술했다. 후미코는 폭탄 투척의 제1 목표가 황태자였고, 박열은 '공범자'라고 분명하게 밝혔다. 박열 역시 후미코와 같은 내용의 진술을 했다.

## 일곱 차례 전향 권유, 끝내 거절

일본 형법 제73조에는 천황 등 황족에 대해 이해를 가하거나 하려고 한 자는 사형에 처한다고 돼 있다. 형법 제73조 적용자는 대심원(대법원)에서 단 한 번의 심리로 끝나게 돼 있었으며, 이는 곧 사형을 의미했다. 예심판사 다테마쓰는 무려 일곱 차례에 걸쳐 전향을 권했으나 후미코는 끝내 듣지 않았다. 물론 후미코도 인간이어서 전향을 전혀 생각해보지 않았던 것은 아니었다. 그러나 후미코는 천황제 국가에 대해 끝내 굴복하지 않았다. 전향은 곧 천황제에 굴복하는 것이며, 평생 자신이 싸워온 자율사상을 내팽개치는 것이라고 여겼다. 그것은 죽음보다 고통스러운 일이었다. 후미코는 전향하지 않은 이유를 옥중수기에서 다음과 같이 썼다.

"나는 답한다. 산다는 것은 단지 움직이는 것만을 뜻하지 않는다. 자신의 의지에 따라 움직이는 것을 의미한다. 즉, 행동은 살아가는 일의 전부가 아니다. 그리고 그저 살아간다는 것에는 아무런 의미도 없다. 행위가 있고서야 비로소 살아 있다고 말할 수 있다. 따라서 자신의 의지에 따라 움직였을 때, 그 행위가 비록 육체의 파멸을 초래한다

하더라도 그것은 생명의 부정이 아니다. 긍정이다."

1925년 7월 17일, 검사총장은 박열과 후미코에게 폭발물단속벌칙위반죄에다 형법 제73조에 해당하는 죄를 추가하여 기소했다. 대심원 공판은 1926년 2월 26일 시작되어 3월 1일 결심공판을 거쳐 3월 25일 선고 공판이 열렸다. 그사이 박열은 옥중에서 독서를 하였으며, 후미코는 자서전을 집필했다. 자서전 집필 의도를 두고 "2년간이나 감옥에 갇혀 자유를 빼앗긴 채 지냈는데 나의 반역적 사상은 결코 위축되지 않았다"며 "나에겐 나의 신념과 입장이 있기 때문에 다른 사람들의 동정이나 존경은 받고 싶지 않다. 나만 나의 생각을 실행할 수만 있다면 그것으로 만족한다"고 밝혔다. 힘들게 살아온 지난날을 원망하기는커녕 오히려 그 속에서 자신을 발견할 수 있었음에 감사했다.

그해 12월 두 사람은 옥중에서 결혼식을 올렸다. 이를 제안한 사람은 예심판사 다테마쓰였다. 그는 2년 가까운 예심 내내 두 사람을 우호적으로 대해 줬다. 두 사람이 천황 폭살 계획을 반성하도록 유도하려 했던 것 같다. 반면 후미코의 생각은 다른 데 있었다. 이미 죽음을 각오하고 있던 그녀는 자신의 유해 처리 문제를 고심하였다. 가족들이 자신을 거두리란 기대는 애초부터 하지 않았다. 그렇다면 박열의 가족뿐이었다. 박열 가족들이 자신의 유해를 합법적으로 거두려면 박열과 결혼하여 정식 가족이 되는 방법뿐이었다. 후미코로서는 고육지책이었다. 게다가 후미코는 조선인을 사랑했기에 자신의 뼈를 조선에 묻고 싶었을 것이다.

대심원 심리는 사실상 통과의례에 불과했다. 이미 결론을 내려놓고 진행한 재판이었다. 1926년 3월 25일, 대심원은 선고 공판에서 두 사람에게 형법 제73조 및 폭발물단속벌칙 제3조 위반을 적용하여 사형을 선고했다. 그 순간 후미코는 일어나서 "만세!"라고 외쳤다. 이어 박열은 "재판장, 수고했네!"라고 말했다. 선고 당일로 검사총장은 사법대신에게 두 사람의 은사恩赦를 신청했다. 표면상 이유는 두 사람이 폭발물 입수계획을 세웠으나 입수하지도 못했고, 거사 시기나 의도도 확실하지 않다는 이유였다. 그러나 속셈은 따로 있었다. 두 사람을 처형할 경우 조선에 미칠 영향을 우려했기 때문이었다. 은사 건은 히로히토 황태자의 재가를 거쳐 최종 무기징역으로 감형되었다. 형무소장이 은사장을 전달하자 후미코는 즉석에서 갈기갈기 찢어버렸다.

'은사'로 감형을 받은 다음 날인 4월 6일, 박열은 지바형무소로, 후미코는 여성 죄수 전용인 우쓰노미야 형무소의 도치기 지소로 이감되었다. 이곳으로 이감된 지 3개월 반 정도 지난 7월 23일 후미코가 자살했다. 오전에 독방에서 노끈 꼬기를 하다가 간수가 잠시 자리를 비운 사이에 마닐라삼 실로 목을 매달았다. 그녀의 죽음은 자살 시각, 자살 수단 등이 정확히 밝혀지지 않아 의혹을 불러일으켰다. 또 자살을 두고도 논란이 일었다. 자살할 이유가 없다는 주장과 함께 그녀로선 불가피한 선택이었을 것이라는 주장도 제기됐다. 사형선고를 받고 죽기를 바랐던 그녀가 무기로 감형되자 '최후의 저항' 수단으로 자살을 선택했다는 것이다.

후미코의 유해는 그녀가 기대했던 대로 박열의 집안에서 거두었다. 박열의 형 박정식이 도쿄로 건너가 유해를 수습하여 문경 팔령리 산 중턱에 안장했다. 일제 당국은 봉분 조성은 물론 장례식이나 성묘도 허락하지 않았다. 그로부터 47년이 지난 1973년 7월, 무정부주의자 정화암 등이 주도하여 묘소 앞에 묘비를 세웠다. 2003년 12월에는 박열의사기념사업회가 후미코의 묘를 박열의사기념공원 경내로 이장하였다.

후미코의 짧은 생은 고난과 시련의 연속이었다. 어려서는 부모에게 버림받았고, 사회에서는 무적자와 여자라는 이유로 가혹한 차별대우를 받았다. 그러나 그녀는 그런 삶을 거부하거나 비판하기는커녕 이를 딛고 일어서서 기존 체제와 맞섰다. 자신이 일본인이면서도 일본의 불법적 조선 통치를 비판하였고, 일본 사회를 옥죈 천황제의 불법성을 온몸으로 고발하였다. 한눈에 반한 조선 청년 박열을 위해서는 죽음도 같이 하겠다고 맹세하였다. 감옥에서조차 그녀는 자신이 세운 뜻에 흔들리지 않았으며, 불과 23세에 불꽃 같은 삶을 자살로 마감하였다.

(* 참고로 박열은 해방 두 달 뒤인 1945년 10월 27일 출옥했다. 출옥 후 보수 우익으로 전향한 박열은 일본에서 민단(民團)을 조직해 단장을 맡아 활동했다. 1947년에는 장의숙과 재혼하였는데, 한국전쟁 때 납북되었다. 이후 북에서 활동하다가 1974년에 사망하였는데, 묘소는 평양 신미리 애국열사릉에 있다. 1989년 3월 한국 정부로부터 건국훈장 대통령장(2등급)을 추서받았다. 2012년 문경군 마성면 오천리에 박열의 사기념관이 개관했다.)

행동파 경제학자,
실천적 생태론자

니
어
링

"이 여정은 참으로 다사다난했고,
많은 반대와 논쟁과 갈등을 수반했다.
내가 걸어온 아주 좁은 길에 탈선과 패배는 있었지만
후회는 없었다.
여러 가지 사건들이 꼬리에 꼬리를 물고 이어지면서
사람들의 반대와 추방에 맞서 나는 혼자서라도
앞으로 나아가야만 했다."

스콧 니어링의 삶은 한마디로 정의하기 어렵다. 젊은 시절에는 열정적인 사회개혁가요, 자유주의자이며 진정한 의미의 공산주의자였다. 두 차례 세계대전으로 수많은 민간인과 병사들이 죽어갈 때 그는 전쟁의 광기를 비판하며 반전운동을 편 평화주의자였다. 또 미국의 자본주의 체제가 극도의 타락상을 보일 때 이를 문명사적 시각에서 비판한 경제학자이자 사회철학자였다. 생애 중반 이후 시골에서 자급농의 삶을 산 자연주의자이자 실천적 생태론자이기도 했다. 그는 일생을 통해 선구자적 생각과 단호한 태도 때문에 큰 대가를 치르기도 했다. 그러나 그는 자신의 뜻을 조금도 굽히지 않고 시종일관한 삶을 살았다.

스콧 니어링의 이런 삶은 성장기의 주변 인물과 독서의 영향이 컸다. 그는 자서전에서 자신에게 가장 많은 영향을 끼친 스승으로 어머니와 할아버지, 러시아의 대문호 레오

톨스토이, 사이먼 패튼 교수 등 네 사람을 꼽았다. 이 밖에도 그의 인생관에 강한 영향을 미친 사람들로 소크라테스와 그의 이성의 법칙, 살생하지 말라는 부처의 가르침, 노자와 간디의 비폭력 철학, 예수의 사회봉사, 공자의 중용, 데이빗 소로의 소박한 삶, 휘트먼과 자연주의자들, 마르크스와 엥겔스의 혁명사상, 빅토르 위고의 인도주의 등을 들었다.

## 네 사람의 스승과 독서의 영향

스콧 니어링은 1883년 미국 펜실베이니아주의 탄광도시 모리스런에서 태어났다. 그의 집 주변에는 숲이 울창했는데 숲은 어린 시절 그의 놀이터였다. 집안은 여유로운 편이었다. 그의 할아버지 윈필드 스콧 니어링은 토목기사 출신으로 마을의 탄광 및 벌목사업 감독자였다. 남북전쟁으로 석탄 수요가 급증하면서 광산은 전쟁특수로 활기를 띠었다. 그가 태어날 무렵 모리스런은 그의 조부의 손아귀에 모두 들어 있었다고 한다. 그의 할아버지는 그에게 과학과 기술, 간단한 토목 기술을 가르쳐주었다. 이때 배운 기술들은 훗날 그가 시골로 들어가 통나무집을 짓고 살 때 적잖은 도움이 됐다.

그의 최초의 스승은 어머니였다. 뉴욕 시 인근의 쾌적한 교외에서 살다가 탄광도시로 시집온 그녀는 낯선 환경에도 불구하고 육남매를 잘 키웠다. 특히 장남인 그에게 문학과 함께 세상을 살아가는 인문학적 지혜를 가르쳐주었다. 세 번째 스승은 펜실베이니아 대학 워튼 스쿨의 경제학부 학과장 사이먼 넬슨 패튼 교수였다. 패튼 교수는 수업 시간에 토론을 즐겼으며, 학생들에게 미래를 내다보는 안목을 강조했다. 또 졸업생들도 배려와 조언을 아끼지 않는 등 진정한 스승의 면모를 보였다. 네 번째 스승은 톨스토이. 톨스토이는 지주이자 귀족의 일원이었음에도 전쟁을 반대하는 평화 사상과 비폭력 저항으로 일관했다. 그가 채식주의자, 평화주의자, 사회주의자가 된 것은 전적으로 톨스토이의 영향 때문이었다.

스콧 니어링의 어릴 적 꿈은 여러 가지였다. 군인, 법관, 목사, 공무원, 정치인, 엔지니어 등이 그를 유혹한 직업이었다. 그는 1905년 워튼 스쿨을 졸업하면서 경제학과 수사학 학사학위를 동시에 취득했다. 이후 대학원에 진학해 경제학을 전공으로, 사회학과 교육학을 부전공으로 선택했다. 1903년 워튼 스쿨 학부생으로 있을 때 그는 템플 대학 신학대학장의 특별요청으로 신학생들에게 사회학을 가르쳤

다. 1906년부터는 모교인 워튼 스쿨 경제학부에서 조강사[助
講師]로 신입생을 상대로 기초경제학을 가르쳤다.

그가 첫 직업으로 택한 교직의 길은 순탄치만은 않았다.
당시 보수는 연봉 8백 달러, 가족의 생계를 꾸리기에 턱없
이 부족했다. 그러나 당시만 해도 교원노조 설립은 꿈같은
얘기였다. 당시 '철강왕' 카네기는 은퇴한 대학교수들에게
최소한의 노년 생활비를 보장하자는 취지에서 연금을 마련
했다. 조용히 입 다물고 지내다가 정년퇴직하면 연금을 받
을 수 있었다. 그러나 그는 '배부른 돼지'를 원치 않았기에
고민이 뒤따랐다. 결국 그는 '학교 밖 활동'에 손을 댔다. 이
는 양심에 거리낌 없이 학생들을 가르치고 독립적인 연구
를 하기 위해서였다. 그 방법은 대중강연과 저술작업이었다.

다행히도 당시 교수들이 대중강연을 할 기회가 많았다.
대학의 공개강좌나 여름학교, 공장, 노조, 여성단체, 교회,
문학 및 과학협회 등에서 강연회를 주최하곤 했다. 강연주
제는 빈곤이나 실업, 아동노동, 진보주의 교육, 여성 참정권,
신생 기업을 위한 세금 감면책, 트러스트 운동, 파업과 직
장폐쇄, 공무원 부패 등 실로 다양했다. 당시 펜실베이니아
아동노동금지위원회 서기로 있던 그는 각지를 돌면서 정치,
경제, 사회문제 등 다양한 주제로 강연을 했다. 특히 주말
이나 휴일, 방학 때는 멀리 시카고, 세인트루이스, 리치먼드

까지 출장 강연을 나가기도 했다. 1915년부터 35년까지 20년 동안 한 주에 평균 8~10회 가량 강연을 했다.

저술작업은 강연보다 더 성과가 컸다. 우선 저술은 강연 못지않게 효과적인 의사전달 수단이 되었다. 강연은 한번 하고 나면 그걸로 끝이지만 인쇄물은 두고두고 사람들에게 전파효과를 가져왔다. 게다가 원고료 수입이 강연료보다 많았다. 급기야 그는 안정된 수입을 제공하는 교과서를 집필하기로 마음먹었다. 1912년 고교용 경제학 교과서를 맥밀런 출판사에서 공저로 출간했다. 이 책은 얼마 지나지 않아 경제학 교과서 시장의 75%를 차지하였다. 아주 놀라운 성과였다. 그해 맥밀런 출판사에서 받은 인세 수입은 대학에서 받은 연봉을 훨씬 능가했다. 이에 힘입어 시골 초등학교 아이들을 위한 윤리 교과서 집필에 들어갔다. 첫 번째 책〈공동체 윤리〉는 1916년에 출간되었으며, 두 번째 책은 1차 세계대전 발발로 성사되지 못했다.


## 톨레도 대학 총장의 파격적 제안

그런데 뜻밖에 반갑지 않은 소식이 날아들었다. 1915년 6월 초, 그가 재직했던 워튼 스쿨에서 다음 학기 재임용을 하지 않겠다고 했다. 형식적으로는 임용기한(1914~15)이 만료되었다는 것이었다. 9년째 근무해온 직장에서 사전예고는 물론 문책 사유도, 심사도, 재심청구권도 없이 해고 통보를 받았다. 이유는 다른 데 있었다. 그의 강연이 문제였다. 특히 아동노동 착취에 반대하고 임금 문제를 지적한 것이 화근이었다. 몇몇 언론에서는 대학이 진보성향 학자의 학문의 자유를 억압한다며 주목했다. 뜻있는 교수들과 학생단체도 이 대열에 가세했다. 그러나 얼마 지나지 않아 이 사건은 전쟁과 현안에 묻히고 말았다.

그러나 다행히도 그에게 다시 기회가 주어졌다. 오하이오주 톨레도 대학의 A. 먼로 스토우 총장이 그를 정치학 교수 겸 문리대 학장으로 초빙했다. 그의 해임 건을 계기로 미국의 대학들은 그를 금기 인물로 여겼다. 그런 상황에서 스토우 총장의 제안은 매우 파격적이었다. 톨레도 대학은 규모가 작은 사립대였으나 개방적이고 진취적이었다. 그는 학내 이외의 활동으로 '톨레도 공공포럼'의 서기를 맡아 왕성하게 활동했다. 그런데 1917년 4월 미국이 전쟁에 개입한 직후부터 상황이 급변하였다. 전쟁특수로 큰돈을 만지게 된 톨레도 시민들은 반전 운동가인 그를 반역죄, 매국노 운운하며 비판하였다. 결국 대학 이사회는 그를 해임하는 안건을 절대다수의 찬성으로 통과시켰다.

그는 모교인 워튼 스쿨에 이어 톨레도 대학에서도 퇴출당했다. 1906년 교직에 발을 들여놓은 지 11년 만이었다. 새로 일자리를 구할 기회도 주어지지 않았지만 설사 기회가 주어진다고 해도 다시 강단에 서기가 쉽지 않았다. 전쟁 광기에 휩싸인 당시의 시대적 여건이 그러했다. 화가 빈센트 반 고흐가 동생 테오에게 한 말이 있다. 자신이 일자리를 못 구하는 이유는 딱 한 가지, 일자리를 쥐고 있는 사람들과 다른 생각을 한다는 것이라고 했다. 사실 그가 그랬다. 시대는 참전 독려 분위기인데 그는 정반대 편에 서 있었다. 주변에서는 그에게 전향을 권하였다. 워튼 스쿨의 한 원로 교수는 그에게 노골적으로 정부 정책에 협조할 것을 권했다. 그러나 그는 단칼에 거절하였다.

1차 세계대전 개전 초기 미국인들은 놀랍게도 반전 성향과 고립주의적 태도를 보였다. 아일랜드계 미국인들은 반영反英 감정이 강했고, 독일계 미국인들은 친독 성향이어서 미국의 참전을 반대했다. 미국인들 중에서는 우리가 왜 '바다 건너 저편' 일을 신경 써야 하냐는 식이었다. 전쟁으로 득을 보는 자는 소수의 군수업자들이요, 피해자는 다수의 선량한 민중들이었다. 처음에는 신중한 입장을 보이던 윌슨 대통령은 1917년 4월 참전 입장으로 기울었다. 윌슨은 미국 전역을 다니며 참전을 독려했다. 그러자 '평화와 민주를 위한 민중회의'는 윌슨이 다녀간 도시들을 찾아가 반전을 구호로 내걸고 강연회를 열었다. 미국이 참전하던 해 민중회의 회원수는 80만 명을 돌파했고, 반전운동의 중심지가 되었다. 당시 미국 사회당도 이 대열에 동참했다.

한편 윌슨 정부는 사회단체와 사회당의 반전운동을 좌시하지 않았다. 정부는 '스파이 법'을 의회에서 통과시켰다. 명목상으로는 외국 정부에 고용된 스파이들을 처벌하기 위해서였다. 그런데 실제로는 반전운동에 가담하는 사람들을 기소하고 구속하기 위해서였다. 실제로 사회당과 세계산업노동자회의IWW의 지도자들 다수가 20~40년의 중형을 선고받고 투옥되었다. 불똥은 마침내 스콧 니어링한테로 튀었다. 그가 쓰고 랜드 스쿨에서 발간한 〈거대한 광기〉라는 책이 문제가 됐다. 윌슨 정부는 이 책을 쓴 그와 출판한 랜드 스쿨을 기소하였다. 기소 이유는 ①군 내부에서 항명과 폭동을 모의한 점 ②징병 방해를 모의한 점 ③항명과 폭동을 시도한 점 ④징병을 방해한 점 등 네 가지였다.

재판은 1919년 2월 6일부터 19일까지 계속됐다. 정부 측은 그가 쓴 팸플릿이 미군의 모병 활동을 방해했다고 공격했다. 그는 기소 내용을 전부 인정했다. 정부 측 검사가 그에게 전쟁에 반대하는지 묻자 그는 "당연히 나는 전쟁에 반대한다. 이번 전쟁의 본질은 국제적 투기꾼들이 벌이는 밥그릇 싸움에 지나지 않는다"고 당당하게 밝혔다. 그는 전쟁의 실상을 국민들에게 알릴 더없이 좋은 기회로 여겼다. 기업인들과 전문직 종사자들로 구성된 배심원단은 무려 30시간의 논의 끝에 평결을 내렸다. '팸플릿을 집필한 스콧 니어링 무죄, 팸플릿 출판과 배포에 대한 랜드 스쿨은 유죄'. 판사는 랜드 스쿨에 벌금 3천 달러를 선고했다. 재판은 정부 측의 완패로 막을 내렸다.

## 대학에서 쫓겨나고 출판사도 외면

그는 재판 승리로 얻은 것도 있었지만 잃는 것이 더 많았다. 이 일로 그는 미국 사회에서 '위험인물'로 낙인찍혔다. 얼마 뒤 뉴욕 맥밀런 출판사에서 연락이 왔다. 그가 집필한 경제학 교과서 등을 출판했던 그 출판사였다. 맥밀런 출판사는 전국 각 도시와 주 교육 당국에 교과서와 교재를 납품하고 있었다. 맥밀런 측은 '개인적인 감정은 전혀 없다'면서도 그와의 관계를 정리하겠다고 통보했다. 비단 이뿐만이 아니었다. 신문과 잡지에서는 그의 글을 실어주지 않았다. 심지어 그의 책 서평조차도 다루지 않았다. 강단에 서는 것은 말할 것도 없었다. 그는 학계로부터 영영 왕따가 되었다. 오랫동안 공들여 가꾸어온 대화채널과 개인적인 친분관계도 모두 차단되고 말았다.

그가 대학에서 쫓겨나고 학계에서 왕따가 된 이유는 하나였다. 당시 미국 사회의 극심한 빈부 문제와 착취의 불공정성, 전쟁으로 인한 대량 살상과 파괴를 노골적으로 폭로했기 때문이었다. 그런 그는 미국 내 소수 기득권 지배세력에겐 눈엣가시와도 같은 존재였다. 앞에서 고흐가 얘기했듯이 그는 자신을 고용해줄 사람들의 생각과 정반대였다. 그런 그가 직장과 학계에서 퇴출된 것은 어쩌면 당연한 일이었다. 이런 상황에서 그는 중대한 결정 세 가지를 내렸다. 즉, 평화주의자, 채식주의자, 사회주의자가 되기로 결심했다.

그는 생명이 우주라는 현상세계의 중요한 일부분이라 믿었다. 그 역시 우주의 일부분이자 우주 안에 사는 다른 모든 생명체를 존중하기에 평화주의자가 되기로 했다. 사회변혁을 이루는 과정에서 폭력, 증오, 공포, 강제 등을 사용하는 것은 가장 값비싼 방법이라고 여겼다. 그는 또 생명이 인간에게 중요한 것만큼 다른 생명체들에게도 중요하다고 믿었다. 다른 생명체들 역시 생명의 권리를 갖는다. 그래서 나 자신이 살고 건강해지기 위해 살생을 하는 것은 옳지 않다고 여겼다. 그는 또 사회주의가 인간의 행복과 안녕에

크게 기여할 것이라고 확신했다. 인간에게 최대한 창조적이고 건설적인 차원에서 더 많은 기회를 제공하는 협동적 사회유형을 계획하기 위해 그는 사회주의자를 표방하였다.

서른넷이 된 1917년, 그는 인생에서 중대한 전환기를 맞게 된다. 틀에 박힌 교단생활에서 벗어나 자신이 선택한 주제를 원하는 방식으로 자신의 일정에 따라 해나가기로 마음먹었다. 1925년 공교육에 관한 글을 쓰던 중 소련 학교에 관한 자료가 필요했다. 그는 망설임 없이 모스크바로 달려갔다. 그곳 유치원에서부터 대학에 이르기까지 전국의 교육기관을 두루 돌아다니며 두 달을 보냈다. 실험 초기 단계의 소련 교육기관 현장을 방문한 것은 매우 재미있고 유익한 경험이었다. 그는 소련 여행에서 돌아와 〈소비에트의 교육〉을 출간했다. 이 책은 영어로 된 최초의 본격 소비에트 교육 연구서로 꼽히고 있다. 1927년에는 석 달간 중국 여행을 다녀오기도 했다.

1917년 러시아 혁명 후 사회주의자들이 정치 권력을 획득하고 사회주의 건설을 계획할 수 있는 곳은 러시아뿐이었다. 러시아는 사회주의 건설의 중심지였다. 그는 1922년까지 사회당 특별당원으로 있었다. 미국 내 사회당 세력들은 러시아의 사회주의 건설을 놓고 견해가 엇갈렸다. 어떤 분파는 소련을 지지하였고, 어떤 분파는 비판하기도 했다. 미국 사회당을 장악하고 있던 노먼 토머스의 제3의 분파는 비판적 입장이었다. 결국 그는 1922년 미국 사회당의 처사에 항의하는 뜻에서 사회당을 탈당했다. 그와 함께 탈당한 당원들 중에서는 곧바로 공산당에 가입했다. 그 역시 고민 끝에 1927년 초 공산당에 가입했다. 공산당이 미국의 상황을 극복하려고 애쓰는 유일한 집단이라고 봤기 때문이었다.

## 〈제국의 황혼〉 출간, 공산당서 축출

곡절 끝에 그는 공산당 입당허가 통보를 받았다. 그는 뉴욕시 지부에 배정되었다. 주요 임무는 대중집회 연설, 노동자 교육, 당 기관지에 기고 등이었다. 1928년 대통령선거가 본격화되자 그는 미국 전역을 종횡무진 뛰어다녔다. 그 과정에서 그는 노예 지대의 인종차별과 피폐한 삶, 착취의 실상을 처음으로 목격하였다. (이때의 기록을 모아 1929년 〈검은 아메리카〉를 출간함) 당을 위한 왕성한 활동에도 불구하고 그는 〈제국의 황혼〉 출간을 기회로 공산당에서 축출당했다. 또 이 책을 당 공식 출판기구를 통해 출간하려고 했으나 당은 거절했다. 레닌은 〈제국주의〉라는 책에서 1870년 이후의 서구를 제국주의라고 썼다. 그런데 그의 책에서는 제국주의를 로마와 바빌론, 이집트까지 소급하였다. 따라서 그의 책을 출판하는 것은 당규 위반이라는 것이었다. 결국 그는 탈당계를 제출하고 원고를 뱅가드 출판사에 넘겼다. 그는 평소 교조주의를 거부했다.

1930년대 들어 기술의 발전으로 커뮤니케이션 판도에 큰 변화가 생겼다. 신문, 잡지가 주류를 이루던 세상에 전화, 라디오, 영화가 새로 등장했다. 좌파들은 강연과 선전 활동에서 유리한 위치를 차지하고 있었으나 대공황을 거치면서 위기감과 함께 매카시 시대가 막을 올렸다. 1930년대 중반 무렵부터는 강제적으로 사상개조 운동이 전개되었다. 이로써 좌파 인사들은 비애국적이라는 딱지가 붙게 되면서 마이크도 주어지지 않았다. 그 역시 마찬가지였다. 강의할 대학도, 연설할 강단도, 책 출판도, 잡지나 신문에 서평도 실리지 않았다. 심지어 서점에 자신의 책을 진열할 수도 없게 되었다. 게다가 정부의 검열은 갈수록 강화되었다. 그 와중에도 그는 1917~37년 20년 동안에 30권이 넘는 책과 소책자를 출판하였다. 외롭고 고된 작업이었다.

미국 태생인 그는 어린 시절 미국을 사랑했다. 독립선언, 링컨의 게티스버그 연설, 대니엘 웹스터의 '영원한 자유와 화합' 같은 미국의 신조에도 충실했다. 그러나 두 차례 세계대전을 거치면서 미국은 강력한 군사력과 경제력을 기반으로 세계를 손아귀에 넣고 주무르기 시작했다. 갈수록 미국은 소수 독재체제로 치닫고 있었다. 그의 눈에 미국은 존경과 긍지의 대상이 아니라 깡패나 노상강도 같아 보였다. 결국 그는 서구 문명에 대한 작별을 고했다. 이들 두고 그는 "서구 문명을 위험고객으로 간주하고 장부에서 지워버렸다"고 썼다. 결정적인 계기는 그의 예순 두 번째 생일인 1945년 8월 6일 히로시마 원폭 투하였다. 그는 이날 트루먼 대통령에게 편지를 보냈다.

"당신의 정부는 더 이상 나의 정부가 아닙니다. 오늘부터 우리의 길은 갈라집니다. 당신은 계속 세계를 파괴하고 이 세상을 고통에 빠트리는 당신의 행로를 가겠지요. 그것은 자살행위입니다. 나는 협력과 사회정의, 그리고 인간의 행복에 기초한 사회의 건설을 돕는 일에 착수할 것입니다."

1930년대 이후 미국이 우경화되면서 급진주의자들의 활동 폭은 대단히 좁아졌다. 좌파들은 마치 봄눈 녹듯이 점차 사라져갔다. 그는 전국을 다니며 부와 권력 앞에 무릎

꿇지 않은 세력들을 만났다. 그들은 마치 적진에 들어간 척후병들처럼 참호 속에 깊숙이 숨어 있었다. 그는 이들과 함께 미국의 소수 독재체제와 독점자본주의를 종식시키고 사회주의 미국의 기초를 닦기로 했다. 여건이 좋지는 않았으나 그는 자신이 이 일을 미국 내에서 수행해야 한다고 결론지었다. 그는 계속 프리랜서 교사로 활동하면서 강연과 글쓰기를 이어갔다. 그런데 한 가지 문제가 있었다. '어떻게 먹고 살 것인가'였다.

그의 친구나 지인들 대다수는 우익 기득권 사회에서 추방당하였다. 그들은 생계를 위해 화물차 운전이나 우유 배달, 신문 배달, 식당 종업원, 하역 인부로 일했다. 그런 상황에서 그가 삶의 수단이자 탈출구로 선택한 것은 자급농이었다. 그는 새 정착지로 뉴잉글랜드를 선택했다. 이곳은 기후도 좋지 않고 척박했지만 두 가지 이유 때문이었다. 우선 뉴잉글랜드는 종교적·정치적 반골들이 많이 사는 곳이었다. 또 토박이들이 새 이주민에 대해 텃세가 적었다. 두 번째 이유는 땅값과 임대료가 비싸지 않아 적은 수입으로도 자급농이 살아가기에 가장 적합했다. 언덕과 계곡, 산의 풍경이 좋은 것은 덤이었다.

## 운명처럼 나타난 20세 연하 동반자

기쁜 일은 또 있었다. 타향살이의 그에게 운명처럼 새 동반자가 나타났다. 직장을 잃고 낭인 생활을 하면서 그는 가족으로부터 외면당하였다. 결국 아내와는 별거하게 되었고, 성인이 된 두 아이들은 독립하였다. 그런 그에게 스무 살 아래의 여성이 동반자를 자처하고 나타났다. 이름은 헬렌 노드.(나중에 헬렌 니어링으로 개명함) 그의 자서전에 따르면, 그녀는 정열적이고 활달하면서도 기품있는 여자였다. 또 평생 채식을 해왔고, 바이올린을 공부했으며, 네덜란드, 오스트리아, 인도, 호수 등에서 여러 해를 보냈다고 한다. 두 사람은 버몬트 주 남부의 황무지로 들어가 돌집을 짓고 작은 농장을 가꾸며 지냈다.

더 다행스러운 것은 그곳에서 생계비를 마련할 방책을 찾게 되있다. 거처 주변에는 단풍나무가 울창했다. 그의 이웃들은 이 나무에서 단풍시럽이나 단풍사탕을 제조해 수익을 냈다. 제조법도 간단하고 수익도 쏠쏠했다. 그러나 두 사람은 무리하게 돈을 벌려고 애쓰지 않았다. 필요한 만큼만 벌었다. 사탕 사업으로 유명해지자 찾는 이가 많아져 동네는 관광지, 휴가지로 변해버렸다. 본업보다는 손님을 치르는 게 더 고된 일이었다. 결국 두 사람은 버몬트에 온 지

19년 만에 사탕 사업을 접고 메인 주의 해안가 외딴 농장으로 이사를 갔다. 여기서도 두 사람은 자급경제를 추구하면서 가능하면 시장과 임금으로부터 자유로워지려고 노력했다.

자급농 생활을 하면서 그들은 채식주의자의 삶을 실천하였다. 우선 가축을 사육하지 않았으며, 고기는 물론 치즈나 버터도 먹지 않았다. 그들이 먹는 음식의 50%는 채소였다. 이를 위해 유기농법을 하면서 땅을 기름지게 하였다. 화학비료나 유독성 살충제도 전혀 사용하지 않았다. 그리하여 건강한 땅에서 제철 음식을 먹으려고 애썼다. 술, 담배, 커피, 차, 청량음료도 전부 피하였다. 순수한 샘물이나 직접 만든 과일주스만 마셨다. 여행할 때는 현지에서의 식사 대신 미리 준비해온 사과나 오렌지를 대용으로 먹곤 했다. 게다가 일주일에 하루씩 금식을 했다. 소화기관과 주부에게 휴가를 주기 위해서였다. 참고로 그는 100살까지 살았다.

그는 선구자적 식견을 갖고 있었고, 저술과 강연을 통해 이를 세상에 알리고 호소했다. 몇 가지 예를 들자면, 1911년에는 아동노동 문제를, 1912년에는 〈여성과 사회진보〉를 출간해 여성 참정권 문제를, 1917년에는 〈거대한 광기〉를 통해 미국의 1차 세계대전 참전을 비판하였다. 또 1923년에는 〈석유, 전쟁의 씨앗〉을 발간해 60년 후의 걸프전을 예견했으며, 1929년에는 〈블랙 아메리카〉를 통해 흑백 갈등 문제를, 1933년에는 〈파시즘〉을 저술해 다가올 파시즘 체제를 경고했다. 미국 전역과 해외를 다니면서 강연한 횟수는 헤아리기도 힘들다.

그는 상류층 집안에서 태어나 정규교육을 받고 대학교수가 되었다. 그러나 그는 기득권 체제에 안주하지 않고 미국의 소수 독점체제에 맞서 평생을 싸웠다. 그 결과 강단에서 쫓겨나고 학계에서 왕따 신세가 되었다. 또 강연과 저술도 길이 막히고 심지어 스파이법 위반 혐의로 기소돼 법정에 서기도 했다. 그러나 그는 한번 세운 뜻을 끝내 포기하지 않았다. 그런 삶을 산 그는 당시 젊은이들에게 우상이 되었고, 한없는 존경도 받았다. 그는 근본적인 평화주의자이자 인본주의자였다. 80세 되던 1963년에 그는 주변의 권고로 자서전을 집필하기 시작했다. 그는 지나온 80년을 회고하면서 다음과 같이 썼다.

"이 여정은 참으로 다사다난했고, 많은 반대와 논쟁과 갈등을 수반했다. 내가 걸어온 아주 좁은 길에 탈선과 패배는 있었지만 후회는 없었다. 여러 가지 사건들이 꼬리에 꼬리를 물고 이어지면서 사람들의 반대와 추방에 맞서 나는 혼자서라도 앞으로 나아가야만 했다."

철저한 채식주의자이자 실천가였던 그는 백 살이 되자 자신의 삶을 정리하고 스스로 곡기를 끊었다. 아내 헬렌 니어링과 함께 펴낸 책 이름처럼 그는 '조화로운 삶'을 살았다. 1983년 8월 24일 아침, 그는 침상에서 아메리카 원주민들의 노래를 조용히 읊조렸다. "나무처럼 높이 걸어라. 산처럼 강하게 살아라. 봄바람처럼 부드러워라." 그리고는 평생의 동지이자 아내 헬렌 니어링이 지켜보는 가운데 평화롭게 삶을 마쳤다.

하버드대 출신의
통나무집 '자연인'

소
로
우

"우리는 먼저 인간이어야 하고,
그 다음에 국민이어야 한다고 나는 생각한다.
법에 의한 존경심보다는 먼저 정의에 의한
존경심을 기르는 것이 바람직하다.
불의한 법들이 존재한다.
우리는 그 법을 준수하는 것으로 만족할 것인가,
아니면 그 법을 개정하려고 노력하면서
개정에 성공할 때까지는 그 법을 준수할 것인가,
아니면 당장이라도 그 법을 어길 것인가?"

# 소로우

허균에게 이탁오가 있었다면 스콧 니어링에겐 데이빗 소로우가 있었다. 이들은 서로 비슷한 시기에 살았고, 서로 긍정적인 영향을 주고받았다. 허균이 이탁오에게 비판 정신과 개혁 사상을 배웠다면, 니어링은 소로우에게서 자연주의 사상과 자립생활 정신을 배웠다고 할 수 있다. 소로우는 강승영 씨가 1993년에 〈월든〉을 번역하여 소개하면서 국내에 처음 알려졌다. 생전에 '무소유'를 실천했던 법정 스님은 소로우를 흠모하여 그가 살던 월든 호숫가의 통나무집을 두 차례나 찾았다고 한다.

데이빗 소로우는 1817년 미국 동북부 메사추세츠 주의 콩코드에서 태어났다. 콩코드는 매사추세츠 만에 정착한 영국의 이주민들이 내륙 쪽에 건설한 첫 정착 마을이다. 1775년 4월 19일 식민지의 민병대와 영국 주둔군이 무력 충돌하면서 콩코드에서 독립전쟁의 첫 총성이 울린 곳이다. 그가 43세 되던 1860년 에이브러햄 링컨이 제16대 미국 대통령으로 당선되었다. 이듬해 5년에 걸친 남북전쟁이 일어났다. 그해 소로우는 폐결핵을 얻었고, 그 이듬해 1862년 5월 콩코드에서 45세로 사망했다. 콩코드는 소로우가 태어난 고향이자 그의 삶의 흔적이 남아 있는 유서 깊은 곳이다.


## 어려서부터 고독을 벗 삼아 지내

그의 집안은 영국에 살던 프랑스계 개신교도의 후손으로, 그의 조부 때 미국으로 이민을 왔다. 그의 부친은 가내공업으로 연필제조업을 하였는데 품질이 우수해 인기가 많았다. 소로우는 손재주가 좋았으며, 낚시와 사냥을 즐겼다. 어린 시절에는 다른 아이들과 잘 어울리지 않았다. 이런 성격은 어른이 돼서도 마찬가지였다. 대부분의 시간을 혼자서 보냈다. 그는 "아무리 좋은 사람들이라도 같이 있으면 곧 싫증이 나고 주의가 산만해진다. 나는 고독만큼 친해지기 쉬운 벗을 아직 찾아내지 못했다"고 〈월든〉에 쓴 바 있다.

16세가 되던 1833년 소로우는 콩코드 아카데미를 졸업하고 하버드 대학에 입학하였다. 하버드 대학이 있는 케임브리지는 콩코드와 그리 멀지 않았다. 대학에서는 라틴어,

그리스어 등 고전어와 독일어, 불어 등 현대어를 공부하였다. 이밖에 동서양의 고전을 포함해 광범위한 독서로 인문학 전반에 매우 밝았다. 1837년 하버드 대학 졸업 후 그는 모교 초등학교에서 교사 생활을 시작하였다. 그러나 학교에서의 체벌 문화에 반기를 들고 얼마 뒤 사직하였다. 이후 부친의 연필공장에서 일하였는데, 이때부터 일기를 쓰기 시작했다.

21세가 되던 1838년, 그는 캐나다와 접경지역인 메인 주를 방문했다. 고향으로 돌아온 그는 콩코드 문화회관에서 생애 처음으로 강연을 하였다. 그 후 진보적 교육방침을 표방하며 대안학교를 설립했다. 얼마 뒤 그의 형 존이 합류하면서 이 학교는 큰 반향을 일으키며 성공리에 운영되었다. 그 무렵 그는 인근 마을에 사는 엘렌 슈월이라는 17세 처녀와 사랑에 빠졌다. 그런데 그의 형 존도 그녀를 좋아해 삼각관계가 형성되었다. 23세 때 그는 엘렌 슈월에게 청혼하였는데 결국 성사되지 못했다. 그녀의 부친이 소로우 집안의 진보적인 가풍을 마음에 들어 하지 않았기 때문이었다. 이 때문이었는지 몰라도 소로우는 끝내 결혼하지 않았다.

그가 17세 때인 1834년, 훗날 미국을 대표하는 지성인이자 초월주의 사상가로 이름을 날린 랠프 월도 에머슨이 콩코드로 이사를 왔다. 에머슨의 수필집 〈자연〉을 읽고 큰 감명을 받았던 그는 에머슨을 찾아가 만났다. 이후 두 사람은 평생에 걸쳐 깊은 교분을 쌓게 되었다. 당시 에머슨은 〈다이얼〉이라는 잡지의 편집을 맡고 있었는데 소로우는 이따금씩 이 잡지에 시와 수필을 기고하였다. 그 무렵 형 존의 건강 악화와 소로우 자신의 흥미 상실로 대안학교는 문을 닫았다. 20대 중반까지 그의 일상은 그리 유쾌한 나날은 아니었다.

비극은 하나로 끝나지 않는 법이다. 25세 때 형 존이 사망하였다. 평소 형을 따르고 좋아했던 그는 상당 기간 우울증에 빠져 지냈다. 게다가 종종 글을 기고하며 마음을 의탁하였던 〈다이얼〉도 얼마 뒤 폐간되었다. 한번은 친구와 함께 간 낚시에서 잡은 물고기를 굽다가 큰 산불을 내기도 했다. 무엇 하나 보람되고 즐거운 일이 없었다. 뭔가 그에게 탈출구가 필요했다. 급기야 그는 평소 생각해오던 숲속 생활을 해보기로 마음먹었다. 28세 되던 1845년 3월 말, 그는 동네 인근 월든 호숫가에 통나무집을 짓기 시작하였다. 넉달 뒤인 7월 4일, 통나무집을 완성하여 입주하였다. 이로써 고독과 벗하며 지낸 그의 숲속 생활이 시작되었다.

## 〈월든〉에 쏟아진 찬사들

소로우의 대표 저서인 〈월든〉은 2년 2개월에 걸친 그의 숲속 생활 기록이다. 내용이나 형식상 보고서라기보다는 에세이에 가깝다. 이 책을 두고 한국의 한 독자는 "지구상의 모든 도서관이 불타고 있을 때 거기서 단 한 권의 책을 갖고 나올 시간이 허용된다면 '월든'을 택하겠다"고 썼다고 한다. 미국의 시인 로버트 프로스트는 "'월든' 하나로 소로우는 우리가 미국에서 거둔 모든 것을 능가했다"고 극찬했다. 미국의 작가 E.B. 화이트는 "만약 이 나라의 대학들이 현명하다면 졸업하는 학생들에게 졸업장과 더불어, 아니 졸업장 대신에 '월든'을 한 권씩 쥐어 보낼 것이다"라고 찬사를 보냈다. 대체 〈월든〉은 어떤 책이길래 이런 찬사가 쏟아졌을까.

국내에 처음으로 〈월든〉을 소개한 강승영 씨는 초판 서문에서 〈월든〉에는 네 권의 책이 들어 있다고 했다. 첫째, 〈로빈슨 크루소우〉 같은 모험기, 둘째, 탁월한 자연묘사, 셋째, 〈걸리버 여행기〉 같은 통렬한 풍자서, 넷째, 최초의 '녹색 서적' 등. 이런 점은 〈월든〉을 읽어보면 저절로 공감이 된다. 저명한 소로우 연구가인 월터 하딩은 〈월든〉이 적어도 다섯 가지 시각에서 읽혀왔다고 썼다. 첫째, 자연에 관한 박물학적 기록, 둘째, 소박한 삶을 권면하는 삶의 지침서, 셋째, 물질주의에 지배되는 현대적 삶에 대한 비판서, 넷째, 탁월한 언어 예술 작품, 다섯째, 정신적 삶의 안내서로서의 시각 등이 그것이다. 두 사람의 견해는 일면 다르면서도 사실상 같다고 할 수 있다.

책 제목 '월든'은 콩코드에 있는 호수의 이름이다. 이 명칭에는 재미있는 전설이 하나 있다. 원래 호수 자리에는 높은 산이 있었는데 원주민 인디언들은 이곳에 모여 회의를 하곤 했다. 그런데 그때마나 사람들은 신을 모독하는 말을 했고, 이에 분노한 신이 산을 무너뜨렸다고 한다. 이 산사태 때 월든이라 불린 노파 혼자 도망쳐 살아났는데 호수는 그 노파의 이름에서 유래했다고 한다. 월든 호수는 사람을 압도할 만한 크기는 아니다. 동서 길이는 0.75마일, 폭은 넓은 곳이 0.5마일, 수심은 깊은 곳이 102피트, 호수 전체의 면적은 61.5에이커, 호수 둘레는 1.75마일이다. 호수 주변은 완전한 삼림지대다.

## 월든 호수에 깊이 매료되어

소로우는 월든 호수를 좋아했다. 콩코드 지역에는 호수가 더러 있었지만, 그는 이 월든을 유달리 좋아했다. 때론 호수에서 밤낚시를 즐기기도 하고 통나무배를 타고 수심을 재보기도 했다. 특히 달 밝은 밤에는 월든에 배를 띄워 월광 속에서 플루트를 불곤 했다. 투명한 호수의 물을 들여다보며 퍼치, 피라미 떼와 놀았고, 봄가을에 호수를 찾아오는 물오리, 기러기, 그리고 되강오리와도 벗하였다. 그는 월든의 물색 변화와 물맛도 잘 알고 있었고, 이 호수엔 물 유입구와 유출구가 없다는 사실도 알아냈다. 그는 진정한 월든 애호가요, '월든 박사'였다. 월든 호수를 바라보면서 '오, 월든이여, 진정 그대인가?'라며 그는 시 한 편을 남겼다.

시 한 줄을 장식하는 것이
나의 꿈은 아니다.
내가 월든 호수에 사는 것보다
신과 천국에 더 가까이 갈 수는 없다.
나는 나의 호수의 돌 깔린 기슭이며
그 위를 스쳐가는 산들바람이다.
내 손바닥에는

호수의 물과 모래가 담겨 있으며,

호수의 가장 깊은 곳은,

내 생각 드높은 곳에 떠 있다.

월든 호수와 그 주변의 자연 관찰에 많은 시간을 바친 소로우는 자연의 기록자가 되려고 했다. 그래서 소로우는 미국 생태문학의 창시자로, '월든'은 그 선구적 텍스트로 평가되고 있으며, 그러나 그가 쓴 〈월든〉은 단순한 숲속 생활의 기록만이 아니다. 그 이상의 가치를 담고 있다. 〈월든〉은 대자연에 대한 엄숙한 예찬인 동시에 문명사회에 대한 통렬한 풍사서이기도 하다. 또 소박하고 원시적인 숲속의 자급 생활을 통해 인습과 고정관념은 물론 그 무엇으로부터도 구속받지 않겠다는 한 자주적 인간의 '독립선언문'과도 같다. 그는 〈월든〉을 통해 참다운 인간의 길, 자유로운 인간의 길은 무엇인지 끝없이 묻고 또 그 길을 찾아 나섰다.

당시 그의 이웃들의 삶은 그를 지치게 했다. 젊은 농부들은 부모로부터 농장과 주택, 창고와 가축, 농기구들을 물려받았다. 그런데 그들이 물려받은 재산은 저당 잡힌 채로 상속을 받거나 아니면 빚을 내 구입한 것이 대부분이었다. 그의 마을에서 채무 없이 농장을 소유한 사람은 열두 명도 되지 않았다. 따라서 농부는 집을 마련하고 나서 부자가 된 것이 아니라 실은 더 가난해졌다. 집을 소유한 것이 아니라 집이 농부를 소유하게 된 셈이었다. 결국 이들은 상속받은 재산을 지키고 가꾸기 위해 '흙의 노예'로 살아야 했다. 문명인이 되기 위해 주택 마련과 생필품 구입에 생의 대부분을 보낸다면 그건 차라리 미개인의 삶보다 못한 것이 아닐까.

실지로 현대인들의 삶은 질적인 면에서 미개인들의 삶보다 낫다고 하기 어렵다. 주택 문제 하나만 봐도 그렇다. 대도시에서 자기 집을 소유하고 있는 사람은 전체 인구 가운데 극히 일부에 지나지 않는다. 비록 초라하긴 했으나 미개인들은 저마다 집을 한 채씩 가지고 있었다. 하늘을 나는 새는 둥지를 가지고 있었고, 여우는 굴을 가지고 있었고, 미개인들은 오두막을 갖고 있었다. 집이 없는 현대인들은 해마다 집세를 내야 한다. 무주택자들이 자기 소유의 집을 마련하려면 생의 절반, 어쩌면 그 이상을 바쳐야만 한다. 그때나 지금이나 문명을 누리며 살고 있는 사람들은 대부분 '가난한 문명인'으로 전락하였다. 그가 숲으로 간 것은 이런 세태에 대한 반발에서 기인한 면도 없지 않다.

1845년 3월 말경, 소로우는 도끼 한 자루를 빌려 들고 월든 호숫가의 숲으로 들어갔다. 평소 봐둔 곳이 한 군데 있었는데, 도착하자마자 그는 집터 바로 옆의 백송나무를 재목으로 베었다. 오직 도끼 한 자루로 나무를 자르고 깎고 기둥과 서까래를 다듬었다. 점심때가 되면 버터 바른 빵을 먹으며 베어낸 나뭇가지에 앉아 빵을 쌌던 신문을 읽었다. 5월 초순에 친지들의 도움을 받아 상량을 하였으며, 이후 벽과 지붕을 올리자 집이 완성됐다. 집세 정도의 비용으로 평생 살만한 집을 마련했다. 7월 4일 마침내 입주를 했는데, 그날은 마침 미국 독립기념일이었다. 오두막집은 길이 15피트, 넓이 10피트, 높이 8피트로 불과 네 평 남짓했다. 안락한 문명 생활을 거부하고 이 통나무집으로 들어간 이유를 그는 다음과 같이 썼다.

"내가 숲으로 들어간 것은 삶을 의도적으로 살아보기 위해서, 다시 말해 삶의 본질적인 사실들만을 대면해보고자 원했기 때문이다. 인생이 가르치는 바를 내가 배울 수 있는지 알아보고 싶었던 것이고, 그래서 내가 죽음을 맞이하게 되었을 때, 헛된 삶을 살았다는 것을 확인하는 일이 없도록 하기 위해서였다. 나는 삶이 아닌 것은 살지 않으려고 했으니 삶은 그처럼 소중한 것이다."

그는 이웃 사람들이 물질과 문명의 안락함을 취하려다 관습의 노예가 되는 것을 경계하였다. 필요 이상으로 의식주를 호화롭게 장만하기 위해 노역에 시달리기보다는 생활을 단순화시켜 인간적 삶을 추구해야 한다고 여겼다. 그는 통나무집을 지으면서 불평은커녕 즐거워했다. 그리고는 "집 짓는 일의 즐거움을 목수에게 넘겨줄 수 없다"고 했다. 집이 마련되자 농기구를 사서 농사를 지었다. 소나 말 같은 가축의 힘을 빌리지도 않았다. 자칫하면 그 자신이 마부나 목동 신세가 될 수도 있다고 여겼다. 식생활도 자체적으로 해결했다. 빵을 구울 때 효모를 쓰지 않는 편이 간편하고 모양새가 좋다는 사실도 알아냈다. 가구는 손수 만들거나 이웃의 다락에 묵고 있는 것을 얻어 썼다.

## 자연 속에서 '자발적 가난' 추구

2년간의 숲속 생활 경험에서 그는 두 가지를 확인했다. 첫째, 필요한 식량을 얻는 데 믿을 수 없을 만큼 적은 노력을 들인 점, 둘째, 동물처럼 단순한 식사를 해도 체력과 건강을 유지할 수 있다는 사실. 그는 콩밭에서 캔 쇠비름이나 삶은 옥수수에 소금을 뿌려 먹으면서도 만족스러운 식사를 했다. 나중에 숲에서 나온 후에도 그는 육체노동으로 생계를 유지했다. 그는 1년 중 약 6주일간만 일하고도 필요한 생활비를 벌 수 있었다며 1년에 30~40일만 일하는 날품팔이를 가장 자유스러운 직업이라고 했다. 우리가 소박하고 현명하게 생활한다면 생계를 유지하는 것은 노역이 아니라 즐거운 일이라고 했다. 그는 구태여 이마에 땀을 흘려가며 밥벌이를 할 필요가 없다며 '자발적 가난'을 택했다.

그는 간소한 삶을 강조했다. 바라건대, 제발 간소하게 살라고 누누이 말했다. 일은 두 가지나 세 가지로 줄이고 백만 대신에 다섯이나 여섯까지만 셀 것이며, 계산은 엄지손톱에 할 수 있도록 하라고 했다. 식사는 하루 한 끼에 반찬은 다섯 가지로 줄이고 다른 일들도 그런 비율로 줄이도록 하라고 했다. 숲속 생활에서 그는 독서를 즐겼다. 그는 여름 내내 호머의 〈일리야드〉를 책상 위에 두고 읽었다. 이 책은 알렉산더 대왕이 원정 나갈 때 귀중품 보관 상자에 항상 넣어가지고 다녔다고 한다. 독서는 참다운 책을 참다운 정신으로 읽는 것이 중요하다고 했다. 그래서 심심풀이로 하는 독서는 우리의 지적 기능을 잠재우는 독서이며 발돋움하고 서듯이 하는 독서, 즉 깨어있는 정신으로 하는 독서야말로 참다운 독서라고 했다.

태생적으로 혼자 있기를 좋아했던 그는 숲에서 고독을 즐겼다. 그렇지만 그는 숲속에서 한 번도 외로움을 느끼지 않았으며, 고독감 때문에 위축감 같은 것을 느끼지도 않았다. 사색하는 사람이나 일하는 사람은 늘 혼자이다. 그를 찾아오는 사람은 드물었지만 대신 그의 집에는 많은 친구들이 있었다. 집 주위로 가득 핀 민들레꽃, 콩잎, 괭이밥, 등에, 뒤영벌이 외롭지 않듯이 그 역시 외롭지 않았다. 그는 원래부터 타고난 은둔자는 아니었다. 그의 통나무집에는 세 개의 의자가 있었다. 하나는 고독을 위한 것이었고, 둘은 우정을, 셋은 사교를 위한 것이었다. 그의 손님을 맞는 응접실은 집 뒤의 소나무 숲이었다. 자연에 푹 빠져 지내던 그는 어느 날 일기에 다음과 같이 썼다.

아, 평생 한결같은 그런 삶을 살 수 있다면!
평범한 계절에 작은 과일이 무르익듯
내 삶의 과일도 그렇게 무르익을 수 있다면!
항상 자연과 교감하는 그런 삶을 살아갈 수 있다면!
계절마다 꽃피는 자연의 특성에 맞춰
나도 함께 꽃피는 그런 삶을 살아갈 수 있다면!
아, 그러면 나는 앉으나 서나 잠들 때나 자연을 경애하리라.
시냇가를 따라 걸으며 새처럼 노래하는 기도자가 되어
커다란 목소리로 혹은 혼잣소리로 기도한다면 얼마나
좋을까!

마을에서 떨어진 숲에 홀로 지내면서도 그는 현실을 외면하지 않았다. 1846년 미국과 멕시코 간에 영토 문제를 놓고 전쟁이 터졌다. 흑인 노예제도와 멕시코 전쟁에 반대했던 그는 항의의 표시로 인두세人頭稅 납부를 거부했다. 어느 날 구두를 찾으러 마을의 구둣방에 갔다가 경찰에 체포돼 감옥에 수감되었다. 다행히 친척이 몰래 세금을 대납해 하루 만에 풀려났다. 그는 한번은 도망한 노예가 캐나다로 탈출할 수 있도록 도와주었다. 숲에서 내려온 후 노예해방 운동가 존 브라운과 교류하였다. 브라운이 무력으로 노예해방을 성취하려다 투옥되자 그는 의회에 탄원서를 제출하고 공개연설을 하기도 했다.

한편 그가 인두세 납부 거부로 감옥을 간 일은 결코 작은 사건이 아니었다. 불의한 공권력에 대한 개인의 불복종 저항이라는 차원에서 적잖은 성찰과 재평가를 가져왔다. 그로부터 2년 뒤인 1848년 그는 그때의 일을 주제로 콩코드 문화회관에서 강연하였다. 다시 1년 후에는 연설문을 수정하여 '시민 정부에 대한 저항'이란 제목으로 〈미학〉지에 발표하였다. 이 글은 그의 사후에 〈시민의 불복종〉이란 책으로 널리 알려졌다. 그의 다른 저서들처럼 이 책 또한 한동안 묻혀 있었다. 그러다가 19세기 말에 러시아의 대문호 톨스토이에게 발견되면서 그 의미와 가치가 새삼 주목을 받게 됐다.

## 불의한 법 앞에 '시민 불복종' 선언

이 책은 불의한 권력과 싸우는 전 세계의 수많은 사람을 격려하였으며, 저항운동가들의 성전이 되었다. 20세기 인도의 독립운동을 하고 있던 마하트마 간디를 비롯해 영국의 노동운동가들, 나치 점령 하의 레지스탕스, 1960년대 마틴 루터 킹 목사의 흑인 인권운동, 베트남전 참전 반대운동, 그리고 한국의 민주화운동 등 세계사에 큰 영향을 끼쳤다. 서양의 저술가 로버트 B. 다운스는 이 책을 '세계의 역사를 바꾼 책'이라며 찬사를 보냈다. 소로우는 이 책에서 "나는 누구에게 강요받기 위하여 이 세상에 태어난 것은 아니다. 나는 내 방식대로 숨을 쉬고 내 방식대로 살아갈 것이다"라고 했다. 그는 '시민 불복종'에 대해 다음과 같이 썼다.

"우리는 먼저 인간이어야 하고, 그 다음에 국민이어야 한다고 나는 생각한다. 법에 의한 존경심보다는 먼저 정의

에 의한 존경심을 기르는 것이 바람직하다... 불의한 법들
이 존재한다. 우리는 그 법을 준수하는 것으로 만족할 것
인가, 아니면 그 법을 개정하려고 노력하면서 개정에 성공
할 때까지는 그 법을 준수할 것인가, 아니면 당장이라도
그 법을 어길 것인가?"

소로우는 한동안 초월주의자 에머슨의 아류 정도로 평
가되었다. 그러다가 1960년대 들어 환경운동이 본격적으로
일면서 그가 쓴 〈월든〉과 함께 재평가되기 시작했다. 소로
우의 생일인 7월 12일을 전후해 월든 호숫가에서 매년 미
국 소로우 학회가 열리고 있다. 매사추세츠 주 정부는 월
든 호수를 주립 보존공원으로 지정하였으며, 민간에서는
호수로부터 반 마일(약 804m) 이내 숲에는 상업 시설이 들어
서지 않도록 노력하고 있다. 하버드대의 문학생태학자 로
렌스 뷰얼은 소로우를 생태학적 삶의 전범이요, 환경수호
성인聖人으로 재평가하면서 월든을 '미국 제일의 성지'라고
할 정도다.

소로우는 평생 번듯한 직장 대신 측량이나 목수 등 노
동으로 생계를 유지하였다. 더러는 여행도 하고 강연을 하
면서 틈틈이 글을 썼다. 마을로 돌아온 후부터 쓰기 시작

한 〈월든〉은 여덟 차례의 원고 수정을 거쳐 1854년 8월에 출간되었다. 초판 2천 부를 찍었으나 별 주목을 받지 못했다. 그 사이에 부친의 사망으로 그는 연필공장 일에 더 많은 시간을 쏟아야만 했다. 1860년 겨울, 혹한의 날씨에 숲에 들어갔다가 독감에 걸렸는데 이것이 결국 폐결핵으로 발전되었다. 자연과 교감하면서 행동하는 자유인으로 살아온 소로우는 1862년 5월 6일 45세로 생을 마감했다. 장례는 콩코드 제1교회에서 치러졌는데 그와 가까이 지냈던 에머슨이 추도사를 읽었다.

운동권 출신
생명·협동조합 운동가

장일순

"난 사실은 77년부터 결정적으로
바꿔야 되겠다고 생각을 했네.
땅이 죽어가고 생산을 하는 농사꾼들이
농약 중독에 의해서 쓰러져가고,
이렇게 됐을 적에는 근본적인 문제서부터 다시 봐야지.
산업사회에 있어서 이윤을 공평 분배하자고 하는
그런 차원만 가지고는 풀릴 문제가 아닌데,
그래서 나는 방향을 바꿔야 되겠구나,
인간만의 공생이 아니라
자연과도 공생을 하는 시대가
이제 바로 왔구나 하는 것 때문에
이제 방향을 바꿔야 하겠다고 생각을 했지."

20세 후반부터 환경보존과 생태계 회복 운동이 전 지구적으로 일었다. 심각한 기상이변은 재해 수준을 넘어 재앙으로까지 비화되었다. 급기야 유엔 차원에서 기후 위기 대책기구를 만드는 등 지구 살리기에 나섰다. 이같은 운동은 한국이라고 예외가 아니다. 그렇다면 한국에는 소로우처럼 자연주의 사상으로 무장하여 공동체를 살리기 위해 노력한 사람은 없었을까. 근현대 역사 인물의 평전을 여러 권 펴낸 김삼웅은 〈장일순 평전〉에서 무위당 장일순과 소로우의 이미지가 겹친다고 썼다. 소설가 김성동은 '진인眞人'이라고 극찬했고, 혹자는 '20세기를 산 21세기형 인물'이라고 평한 장일순은 어떤 인물일까.

## '70년대 원주, 80년대 광주'

장일순은 강원도 원주사람이다. 1928년 원주에서 태어난 이래 서울 유학과 군 복무를 빼고는 죽을 때까지 원주에서 살았다. 한국 현대사에서 원주는 독특한 위상과 의미를 갖고 있다. 진보 진영에서는 '70년대 원주, 80년대 광주'라는 말이 있다. 그 정도로 원주는 1970년대 당시 민주화운동의 강력한 진원지이자 민주인사들에겐 소도蘇塗 같은 곳이었다. 그 시절 원주를 이끌고 지탱한 인물로는 천주교 원주교구장 지학순 주교, 무위당 장일순, 〈토지〉를 쓴 소설가 박경리, 박경리의 사위이자 민주투사인 시인 김지하 등이었다.

장일순의 집안은 원주에서 세 번째로 부유했다. 그의 조부 장경호는 포목상을 하면서 이 집안의 살림을 크게 일궜다. 장경호 소유의 많은 토지는 소작인들이 부쳤는데 장경호는 이들에게 너그럽게 대했다. 그 덕분에 지주 집안이면서도 한국전쟁 때 소작인들의 도움으로 전혀 피해를 입지 않았다. 그의 집 사랑채에는 식객들이 끊이지 않았는데 이들을 대함에 소홀함이 없었다. 식객 중에는 독립운동가 출신의 차강 박기정도 포함돼 있었다. 장일순은 박기정한테 한문과 서예를 배웠다. 어린 시절 장일순은 진중하면서도 배려심이 많아 '애어른'이라 별명을 갖고 있었다.

장일순은 원주보통학교(초등학교)를 졸업 후 서울로 유학 가 배재중학교에 입학했다. 1944년 봄, 그는 배재중학을 졸업하고 경성공업전문학교(현 서울대 공대 전신)에 입학했다. 문과 계열이 아닌 공전工專을 택한 것은 일제 말기의 징병을 피하기 위해서였다. 이듬해 그가 17세 때 해방이 되었다. 일제가 물러간 뒤 이 땅에는 미군이 새로 진주하였다. 미군정청은 1946년 8월 23일 군정법령 제102호를 통해 경성제국대학을 비롯해 경성의전醫專 등 7개 학교를 통합하여 국립서울대학교를 신설하고 총장에는 미군 장교를 임명한다는 국립대학교 설립안을 발표했다. 소위 '국대안國大案'이 그것이다.

국대안에 대해 한국인 교수, 교직원, 학생들은 반대 입장을 폈다. 무엇보다도 해방된 조국의 국립대 초대 총장에 미군 장교가 임명된다는 소식에 사람들이 분노하였다. 장일순을 비롯해 서울의 각 대학 학생들이 1947년 신학기 등록거부 및 동맹휴학으로 맞섰다. 그러자 미군정청은 이들을 대거 제적시켰으나 사태가 커지자 결국 수정법령 공포로 한 걸음 물러섰다. 이로써 국대안 사태가 가라앉자 그는 다른 제적 학생들과 함께 복적復籍되었다. 이때 그는 공대를 그만두고 서울대 미학과 1회 입학생으로 들어갔다. 당시 미학과에서 철학을 가르쳤는데 그는 철학을 진정한 학문이라고 여겼다. 시골 원주에서 서울대에 다니는 그는 당시 원주 사람들의 자랑이었다고 한다.

## 총살 직전 '성호聖號' 덕분에 살아

한국전쟁 와중에 그는 하마터면 목숨을 잃을 뻔했다. 피난살이를 하면서 머리를 자주 감기가 어렵게 되자 머리를 박박 밀었는데 이게 화근이 되었다. 어느 날 검문소에서 국군이 머리를 박박 깎은 그를 인민군으로 오인해 체포하였다. 그는 자신이 인민군이 아니라고 설명해도 소용이 없었다. 급기야 그에게 총살 명령이 떨어졌다. 그의 차례가 되자 천주교 신자인 그는 체념한 채 성호聖號를 긋고 죽음을 기다렸다. 그러자 사형을 지휘하던 장교가 갑자기 중지 명령을 내렸다. 종교를 믿는 사람이 공산당일 리가 없다고 판단한 것이다. 천주교 신자였던 장교 덕분에 그는 천만다행으로 목숨을 건졌다.

전화戰禍가 심했던 원주에는 피난민이 많았다. 그는 자신의 대학 등록금이면 피난민 아이들을 무상으로 가르칠 수 있다고 판단하고 복학을 포기하였다. 이런 뜻을 부모님께 말씀드렸으나 통하지 않았다. 부모로서는 아들의 장래가 우선이었다. 그는 뜻을 굽히지 않고 부모님을 설득해 마침내 동의를 구했다. 그는 중학교에 진학하지 못한 아이들을 가르치는 중등과정의 성육聖育고등공민학교 교사가 되었다. 무급 자원봉사였다. 이듬해 이 학교 교장이 된 그는 도산 안창호가 평양에 설립했던 대성학원의 뜻을 계승하여 대성학교로 개칭했다. 교훈은 '참되자'로 정하고 1인1기技 교육을 했다. 그는 5년 동안 이 학교의 이사장으로 봉사했다.

전후 혼란기에 한국 사회는 독재와 부패의 수렁으로 빠져들었다. 이를 타개하는 길은 정치혁신뿐이라고 그는 생각했다. 1955년 10월 민주당이 창당했으나 이승만의 자유당과 다를 바 없었다. 그나마 조봉암이 이끄는 진보당은 관심을 가질 만했다. 그런데 1958년 제4대 민의원선거에 앞서 '진보당 사건'이 터져 그나마 기대했던 싹마저 짓밟히고 말았다. 결국 그는 무소속으로 출마했으나 결과는 참패였다. 4·19혁명 직후인 1960년 11월 혁신정당의 통합체인 사회대중당이 창당되었다. 그도 발기인으로 참여하였다. 사회대중당의 정강정책 중에서도 '영세중립화 통일방안'이 그를 매료시켰다. 그해 7·29 총선에 그는 사회대중당 후보로 원주에서 출마했으나 역시 낙선하고 말았다. 두 차례의 선거 참여는 매우 혹독한 후과後果를 초래했다.

1961년 5월 16일, 박정희 일파가 군사쿠데타를 일으켰다. 이들은 반공을 국시國是로 내걸고 평화통일과 중립화 통일론을 편 사람들을 용공분자로 몰아 일제히 구속했다. 5월 18일, 장일순도 다른 혁신계 인사들과 함께 경찰에 검거돼 구속되었다. 쿠데타 세력은 민주당 정부 각료와 정치인, 혁신계 인사, 교수, 학생 등 7만 6천여 명을 체포했다. 검찰은 그에게 징역 8년을 구형했고, 혁명 재판부는 검찰 기소장대로 8년을 선고했다. 서울대 사범대를 나와 교사 자격증이 있던 그의 아내 이인숙은 교사가 되려고 했으나 이마저무산되었다. '빨갱이' 남편 때문에 연좌제에 걸리고 말았다.

서대문형무소에 수감된 그는 노역이 없을 때는 독서로시간을 보냈다. 주로 동서양의 고전을 읽으며 자신을 성찰하고 수행의 시간으로 삼았다. 당국의 양심수 분산정책에따라 얼마 뒤 춘천교도소로 이감되었다. 수감생활 동안 모친이 별세하였으나 장례식에 참석할 수가 없었다. 3년여의형기를 마치고 출감했으나 완전한 자유의 몸이 된 것도 아니었다. 국가보안법과 반공법 혐의자들은 이른바 '보안관찰' 대상이 되어 늘 감시를 받았다. 공직 취임은 물론 해외여행도 제한하였다. 대성학교는 그가 수감되면서 어려운 상황에 빠지게 됐다. 출감 후 그는 다시 이사장을 맡아 학교 되살리기에 나섰다. 그런데 뜻하지 않은 일이 터져 이마저도 무산되고 말았다.

쿠데타로 집권한 박정희는 경제개발에 필요한 재원 마련을 위해 굴욕적인 한일회담을 추진했다. 급기야 김종필 중앙정보부장을 특사로 보내 오히라 일본 외상과 한일청구권 문제를 매듭지었다. 이 소식이 전해지자 국내에서는 선조들의 목숨값을 밀실에서 처리했다는 비판이 제기됐다. 1963년 신학기부터 대학가에서 굴욕 회담을 비판하는 시위가 이어졌다. 이듬해 초 정부가 한일교섭을 타결하려 하자 시위가 전국으로 확대됐다. 그해 4월 2일 원주 대성고 학생들이 시위에 나섰다. 고등학생들이 시위에 나선 것은 대성고가 처음이었다. 이 일로 장일순은 도의적 책임을 지고 이사회에 사표를 냈다. 그는 다시 참교육의 현장을 떠나야만 했다.

불의한 권력 앞에서 그는 정치개혁에 이어 교육사업마저 뜻을 접어야만 했다. 결국 그는 새로운 길을 모색하기로 했다. 그 무렵 그는 인도의 지도자 간디와 그의 제자 비노바 바베의 비폭력 지항운동과 자활운동에 관심을 갖게 됐다. 특히 이웃들과 함께 사는 공동체에 관심을 쏟았다. 그

첫 출발로 포도 농사를 시작했다. 농사일 말고는 딱히 할
수 있는 일도 없었다. 뿌린 만큼 거두는 농사야말로 가장
진실한 사업이었다. 포도 농사를 지으면서 그는 땅의 소중
함에 대해 다시 깨닫게 되었다. 이때의 각성은 훗날 그가
유기농, 흙살림, 생명 사상으로 나아가는 밑거름이 되었다.

## 엘리트 의식 버리고 봉사 운동

그가 인생의 대전환점을 맞게 된 것은 지학순 주교와의
만남이었다. 1965년 3월, 로마 교황청은 원주교구 초대 교구
장에 지학순 주교를 임명했다. 지 주교는 교구 내의 농촌과
탄광지역 주민들이 고리채에 시달리는 것을 보고 이를 극
복하기 위해 신용협동조합을 만들기로 결심했다. 마침 지
주교는 부산 초장동성당 주임신부로 있을 때 협동조합을
조직했던 경험이 있었다. 원주에서 다시 협동조합을 시작
하면서 같이 일할 사람을 추천받은 사람이 바로 장일순이
었다. 두 사람은 사상이나 시대정신에서 크게 공감하면서
의기투합하였다. 장일순은 '아집과 과격한 엘리트 의식을
버리고 대중에 대한 봉사 운동'으로 협동조합 운동을 시작
했다.

그는 또 협동조합 운동을 민중 운동이자 지역자치 운동으로 인식했다. 1966년 11월, 원동성당 내 원주 최초의 신협인 원주신협이 설립되었다. 이사장은 장일순이 맡았다. 신협 운영과 함께 주민들에게 협동조합 교육도 병행하였다. 그러던 중 1972년 8월, 남한강 유역에 집중호우가 내려 이 일대 주민들이 큰 피해를 입었다. 지학순 주교는 교구 차원에서 장일순과 함께 수해복구사업에 나섰다. 지 주교는 세계 각국의 가톨릭 구호 기관에 지원을 요청해 거액의 구호자금을 마련하는 등 피해 주민들에게 큰 도움을 주었다. 이때 구호사업과 함께 마을 개발 사업도 전개했다. 탄광 지대로까지 확산되면서 협동조합 운동은 큰 성과를 거두었다. 평소 그는 "민중은 삶을 원하지 이론을 원하지 않는다"며 겸손하고도 실천적 자세를 강조했다.

옛말에 호사다마라고 했던가. 지학순 주교가 갑자기 경찰에 체포돼 구속되었다. 1973년 10월 서울대 문리대 학생들이 유신체제에 맞서 반독재 민주화 시위를 벌였다. 이를 시작으로 전국에서 시위가 확산되었고, 12월 24일 함석헌, 장준하 등 재야인사들은 '개헌 청원 100만인 서명운동'을 전개했다. 이에 박정희 정권은 이듬해 1월 개헌논의 금지를 골자로 한 긴급조치를 선포했다. 그리고 그해 4월 3일 소위

'민청학련사건'을 발표했다. 지학순 주교를 비롯해 윤보선 전 대통령, 시인 김지하 등 재야인사 253명이 구속되었다. 지 주교의 죄명은 민청학련 관련자들에게 자금을 제공했다는 것이었다. 지 주교는 김지하 시인을 통해 이들에게 얼마간의 자금을 지원한 것은 사실이었고, 지 주교는 이런 사실을 떳떳하게 밝혔다. 이 일로 지 주교는 내란 선동 및 긴급조치 위반으로 징역 15년 자격정지 15년을 선고받고 법정구속 되었다.

지학순 주교 구속은 큰 파장을 몰고 왔다. 천주교 신부들은 그해 9월 24일 원주 원동성당에 모여 천주교정의구현전국사제단을 결성하고 이틀 뒤인 9월 26일 서울 명동성당에서 1차 시국선언을 발표했다. 신부들은 거리로 나와 시위를 벌이며 유신헌법 철폐와 지 주교 석방을 요구했다. 이들이 모인 명동성당은 이때부터 민주화운동의 집결지가 되었다. 운동권의 전유물이던 집회와 시위에 종교계가 결합하면서 반유신 저항운동은 날로 위세가 커졌다. 결국 박 정권은 1975년 2월, 지 주교를 포함해 구속자 일부를 석방했다. 지 주교가 원주로 돌아온 날 원주역에는 원주시민 절반 정도가 환영을 나왔을 정도로 환영 열기가 대단했다.

## 투쟁 일변도서 '생명 존중' 전환

장일순은 학창 시절부터 동학사상에 심취해 있었다. 그의 집 바로 앞에 천도교 포교소가 있었다. 나중에 그의 제자들이 '걸어 다니는 동학' '살아있는 해월'이라고 부를 정도로 그는 동학에 이해가 깊었다. 그는 동학 2대 교주인 해월 최시형의 '삼경설三敬說'에 깊은 감화를 받았다. 삼경설이란 하늘을 섬기고敬天, 사람을 섬기고敬人, 천지 만물을 섬기는敬物 사상으로, 이는 하늘과 사람과 만물을 모두 소중히 여긴다는 뜻이다. 그의 생명 사상은 해월의 삼경 사상에 뿌리를 두고 있다. 그의 사상적 변전變轉을 두고 주변에서는 오해를 하기도 했다. 시인 김지하가 감옥에서 나온 후 "선생님, 운동의 방향을 바꾸었더군요."라고 하자 그는 다음과 같이 답했다.

"난 사실은 77년부터 결정적으로 바꿔야 되겠다고 생각을 했네. 땅이 죽어가고 생산을 하는 농사꾼들이 농약 중독에 의해서 쓰러져가고, 이렇게 됐을 적에는 근본적인 문제서부터 다시 봐야지. 산업사회에 있어서 이윤을 공평 분배하자고 하는 그런 차원만 가지고는 풀릴 문제가 아닌데, 그래서 나는 방향을 바꿔야 되겠구나, 인간만의 공생이 아니라 자연과도 공생을 하는 시대가 이제 바로 왔구나 하는 것 때문에 이제 방향을 바꿔야 하겠다고 생각을 했지."

그가 해월의 사상을 재조명하고 정립한 목적은 해월의 정신과 철학을 복원시키기 위해서였다. 이를 통해 그의 삶은 민주화운동, 반부패 투쟁, 협동조합 운동을 넘어 생명운동으로 이어지고 넓어졌다. 종교적 신앙체계도 마찬가지였다. 가톨릭 신앙인이면서도 노장사상과 불교에도 이해가 깊었다. 그는 콘크리트 숲속에 살면서도 자연인처럼 살았고, 물질 만능의 현대 자본주의에 살면서도 인간 본연의 생활을 실천하였다. 생전에 그를 흠모했던 리영희는 그를 두고 "구슬이 진흙탕에 버무려 있으면서도 나오면 그대로 빛을 발하고 하는 그런 사람"이라고 평했다.

1970년대 중반 들어 박정희 정권의 폭압성은 극에 달했다. 1975년 5월, 긴급조치 9호를 선포해 유신헌법 개정 운동 등을 전면 금지시켰다. 그렇다고 해서 겁먹고 잠자코 있을 민주인사들이 아니었다. 70년대 민주화운동의 성지인 원주가 깃발을 들었다. 1976년 1월 23일, 원주 원동성당에서 '인권과 민주 회복을 위한 기도회'가 열렸다. 이 자리에는 성직자들을 비롯해 장일순과 함께 협동조합운동에 참여한 상인, 농민, 광부 등 수백 명이 참석했다. 이른바 '원주선언'이 막을 올렸는데, 이는 얼마 뒤 '3·1 민주구국선언'으로 이어졌다.

당시 전국의 감옥은 양심수 시국사범들로 넘쳐났다. 이들의 영치금 또는 후원회 기금마련을 위해 서화전이 자주열렸다. 그때마다 그는 흔쾌히 글씨나 난초 그림을 기부했다. 개성 있고 힘찬 그의 글씨는 '무위당체'로 불렸다. 그림중에서는 난초 그리기를 특별히 좋아했다. 예쁘게 잘 그린난초보다는 강인한 생명력이 느껴지는 잡초 같은 '조선 난초'를 좋아했다. 그는 돈을 받고 글씨나 그림을 그려주는 예는 없었다. 또 단 한 번도 자신의 서화를 예술이라고 생각해본 적도 없었다. 평소 그는 "글씨는 삶 속에서 나와야 한다."고 말했다. 그의 서화는 한가로운 서생들의 문인화가 아니라 민주화 투쟁의 일환이었다.

1979년 10월 26일, 서울 궁정동에서 울려 퍼진 총성과함께 독재자 박정희는 종말을 고했다. 이듬해 2월, 긴급조치 등 정치적 이유로 공민권이 제한됐던 인사들이 복권되었다. 장일순도 이때 복권되었다. 그러나 그는 정치 일선에는 나서지 않았다. 박정희 유신정권이 막을 내리면 새 세상이 올 것으로 사람들은 기대했다. 그런데 돌연 전두환 등

신군부 일파가 12·12쿠데타로 권력을 찬탈하면서 그 같은 기대는 물거품이 되고 말았다. 이들은 집권 과정에서 광주에 잔인하게 피를 뿌렸다. 그들의 잔학성을 꿰뚫어 본 그는 고향 원주가 피로 물들 것을 몹시 우려하였다. 그래서 주변 사람들에게 무조건 숨죽이고 엎드려 있으라고 당부했다.

광주 상황이 악화되면서 그의 신변도 위태로워졌다. 그는 친지들의 집을 떠돌면서 몸을 숨겼다. 당시 민주화운동 세력 중에는 그의 '엎드려 있으라'는 당부에 대해 불만을 표시하기도 했다. 불의한 권력 앞에 몸을 숙이고 감추는 것은 비겁하다는 것이었다. 심지어 그를 회색분자, 투항자라며 비난했다. 그러나 그는 괘념치 않았다. 그는 이때한 상황에서도 살아남아야 한다고 강조했다. 몸을 낮추는 것은 비겁한 것이 아니라 다음 기회를 위해서라고 했다. 1982년 3월 18일, 청년 학생들이 부산 미국문화원에 불을 질렀다. 광주항쟁에 대한 미국의 책임을 묻는 차원이었다. 광주항쟁과 미 문화원 방화사건 주모자들은 경찰에 쫓기는 신세가 됐다. 그때 이들을 숨겨주고 보살펴준 곳이 바로 원주였다.

앞에서 김지하에게 밝혔듯이 그는 77년경부터 사회운동의 방향을 바꾸기로 작심하였다. 투쟁 일변도의 종래 운동방식에서 탈피하여 전 지구적인 문제인 생명 존중과 자연 및 환경보전 운동에 나서기로 했다. 그 출발이 '한살림

운동'이었다. 표면적으로는 도농 간의 농산물 직거래 조직이지만 실상은 흙을 살리고 우리 밥상을 지키자는 생명 운동이었다. 1985년 6월, 그를 포함해 발기인 21명은 농산물 도농 직거래 조직인 원주소비자협동조합을 창립했다. 초대 이사장은 박재일이 맡았다. 박재일은 이듬해 12월 서울 제기동에 '한살림농산'이라는 유기농 쌀가게를 열었다. '한살림'의 역사적인 첫걸음이었다. 1989년 '한살림선언'을 채택한 데 이어 90년에 원주소비자협동조합도 '원주한살림'으로 이름을 바꾸었다. 한살림운동은 우주적 가치와 이념을 실천하는 운동이다.

## 해월 최시형의 '민중의 삶' 실천

한편 복잡한 현실 속에서도 그의 가슴 한구석에서는 스승 해월의 그림자가 일렁거렸다. 주변 사람들은 그가 말년에 해월을 닮아갔다고 한다. 해월은 1대 교주 최제우가 처형된 후 전국을 다니며 동학 포교 활동을 하다가 관군에게 붙잡혀 그 역시 처형되었다. 그는 그런 해월을 기리는 사업을 오래전부터 꿈꾸었다. 묘하게도 해월이 붙잡힌 곳이 원주였다. 1990년 4월, 해월이 관군에게 붙잡힌 현장에 해월

추모비가 세워졌다. 추모비 앞면에 '모든 이웃의 벗 최보따리 선생님을 기리며'라고 새겼다. '최$^{崔}$보따리'라는 말은 해월이 간단한 행장을 보따리에 메고 전국 방방곡곡을 다니면서 민중들과 함께 한 삶을 상징적으로 표현한 것이다. 그의 삶 또한 해월의 삶과 크게 다르지 않았다.

겉으로 보면 장일순은 절대 특별한 사람이 아니다. 고위 정치인이나 성직자도 아니요, 이름있는 학자나 문사도 아니요, 유명 사업가는 더더욱 아니었다. 아무 옷이나 입고 아무것이나 잘 먹는 지극히 평범한 보통 사람이었다. 평소 그는 남을 돕고도 겉으로 드러내지 않았으며, 모임에서도 항상 뒤편에 자리를 잡았다. 한 마디로 그는 겸손이 몸에 밴 사람이었다. 그러면서도 어떤 위력 앞에서도 굴하지 않았고, 매사를 물처럼 유연하게 대하였다. 인향만리$^{人香萬里}$라고 했던가. 원주 봉산동 그의 집에는 전국에서 찾는 이가 끊이지 않았다. 중년 이후 그의 얼굴은 청순한 농부처럼 아주 선하고 평화로운 모습이었다.

1991년 6월, 그는 위암 진단을 받았다. 그는 죽음 앞에서도 초연했다. 나무가 고목이 돼 썩으면 새싹이 나오듯 고목은 한 시대를 마무리해야 한다고 했다. 문병 온 사람들이 '투병$^{鬪病}$' 얘기를 꺼내자 "투병이라니? 암세포를 편안하게 해줘야 낫는다"고 했다. 그러나 그도 암세포를 편안하게 해주지 못한 탓이었을까. 1994년 5월 22일, 그는 67세로 생을 마감했다. 시인 도종환은 추모시에서 '물 같고 흙 같은 분'이라고 했다. 또 어떤 이는 '제일 잘 놀다간 자유인'이라고 그의 삶을 평했다.

그는 스승의 삶을 본받아 뜻을 세운 후 평생 그 뜻대로 살고자 노력했다. 굽이굽이마다 자신에게 주어진 소임을 마다하지 않았으며, 늘 외롭고 핍박받는 이웃들의 든든한 언덕이 돼주었다. 그가 일군 '한살림'은 생명을 살리고 지구를 지키는 버팀목이 되어 우리 사회의 소중한 자산으로 성장했다. 그의 빈소에는 그 흔한 훈장 하나 없었다. 그러나 그는 시대의 지성으로, 원주의 정신적 기둥으로 후세의 추앙을 받고 있다.

밤농사 지으며
'친일파' 연구한

임종국

"권력 대신 하늘만한 자유를 얻고자 했지만
지금의 나는 5평 서재 속에서
글을 쓰는 자유밖에 가진 것이 없다.
야인이요, 백면서생으로 고독한 60년을 살아왔지만
내게 후회는 없다.
중뿔난 짓이어도 누군가 했어야 할 일이었다면
내가 산 자리가 허망했던 것만은 아니라는
생각이 든다."

해방 후 우리 민족에게 주어진 과제는 크게 두 가지였다. 하나는 완전하게 독립된 통일국가 건실이요, 나른 하나는 민족 반역자 처단을 통한 민족정기 확립이었다. 결론적으로 말해 우리는 이 두 가지 모두 실패하였다. 한국전쟁으로 국토는 분단되었고, 청산되지 못한 친일 잔재는 오랫동안 한국 사회에 암운을 드리웠다. 그간 수많은 정치학자, 역사학자가 있었으나 친일파 연구는 한동안 학계에서 금기로 치부돼왔다. 그러나 칠흑 같은 어둠 속에서도 한 줄기 빛이 세상을 비추었다. 임종국이라는 재야 역사학자가 홀로 죽을 때까지 친일파 연구에 온몸을 던졌다. 그는 어떤 뜻으로 이 외롭고 힘든 길을 걸었을까.

임종국은 1929년 경남 창녕에서 태어났다. 그의 모친 김태강은 그를 가졌을 때 꿈에서 설중매雪中梅를 보았다고 한다. 그의 부친 임문호는 천도교의 간부였는데, 집안은 비교적 넉넉했다. 그가 네 살 때 부친이 일본 근무 발령이 나서 잠시 일본 고베에서 산 적이 있다. 이듬해 귀국해서는 서울로 이사하여 종로구 소재 재동소학교(초등학교)를 다녔다. 소학교 시절의 학적부를 보면 그의 성적은 우수했고, 명문 경기중학을 갈 성적이 충분했다. 그런데 소학교 졸업 후 그는 경성공립농업학교로 진학했다. 그의 부친의 사업 실패 때문이었다.

## 첫 단추가 잘못 끼워진 청춘 시절

농고 3학년 때 8·15 해방이 되었다, 그는 농고를 중도에 그만두고 경성사범학교에 입학했다. 사범학교는 초등학교 교원 양성소 같은 곳이다. 그러나 여기서도 학업을 제대로 마무리를 하지 못했다. 평소 독서에 취미가 있었던 그는 '독서회' 모임에 가입하였다. 그런데 알고 보니 이 모임은 좌익 이념 서클이었다. 당황한 나머지 탈퇴하려고 하자 그에게 테러 협박을 하였다. 기겁을 한 그는 얼마 뒤 사범학교를 그만두었다. 1년여 집에서 놀고 있던 그는 계정식이 원장으로 있던 음악학원에 들어갔다. 그는 첼로, 기타 등 악기연주에 상당한 재능이 있었다. 생전에 그는 동생들에게 '월광 소나타' '금지된 장난' 같은 기타곡을 자주 연주해주곤 했다.

한국전쟁 발발 1년 전쯤에 그는 돌연 경찰에 들어갔다. 음악 공부 때문에 모친과 갈등을 벌이다가 도피 차원에서의 돌발행동이었다. 그의 자필 이력서에 따르면, 1949년 7월 29일 경남 경찰국 경찰학교에 입교하였다. 한 달 뒤 경찰학교를 수료하고 첫 근무지는 합천경찰서로 배치를 받았는데, 1952년 4월 의원면직할 때까지 이곳에서 근무하였다. 한국전쟁이 터지자 그는 카빈총을 들고 공비토벌에 나서기도 했다. 그러나 체질적으로 잘 맞지도 않은데다 전쟁의 참상을 목격하면서 그는 채 3년도 안 돼 스스로 경찰복을 벗었다. 그는 고시를 보려고 대학 입시 공부를 하였다. 판검사가 돼 나라를 좀먹는 부정부패 인사들을 청소할 작정이었다.

1952년 4월, 그는 피난지 대구에서 고려대 정외과에 입학하였다. 그는 청운의 꿈을 안고 움막집에서 열심히 고시 공부를 하였다. 그러나 건강이 나빠진데다 집안 형편 때문에 3학년 마치고 학업을 중단하였다. 판검사가 되겠다는 꿈이 좌절되면서 그는 자살을 생각할 정도로 깊은 절망감에 빠졌다. 이런 상황에서 그가 안식처로 찾은 곳이 문학이었다. 사실 그의 원래 꿈은 문학가였다. 판검사는 피난길에 목격한 젊은 죽음들에 대한 분노에서 비롯된 것이었다. 그의 표현대로라면 오랜 방황 끝에 '탕자蕩子 돌아오다'가 된 셈이었다. 당시 그는 시인 이상李箱의 작품에 매료돼 있었다.

성격이나 기질 면에서 그는 이상과 흡사한 점이 많았다. 천재적 기질, 비인문계 출신(이상은 경성고공高工, 임종국은 경성농고 출신), 게다가 암울했던 시대상황도 비슷했다. 그는 이상에 쉽게 빠져들었고, 나중에 이상 연구에 큰 족적을 남겼다. 〈이상전집〉 세 권을 펴낸 후 그는 문단에서 '사학도' 소리를 듣게 됐다. 고려대 은사인 시인 조지훈도 그를 칭찬했다. 이듬해 1957년 8월, 그는 문예지 〈문학예술〉에 시 '비碑'를 발표하면서 문단에 얼굴 내밀었다. 추천자는 '귀족 시인'으로 불린 이한직이었다. 이후 그는 〈사상계〉에 '자화상' 외 2편이 추천되면서 정식 시단에 등단하였다. 그의 사회 첫 출발은 시인이었다.

1957년 초, 그는 은사 조지훈의 추천으로 신구문화사에 입사했다. 그해 5월 그가 편집한 〈한국시인선집〉이 신구문화사에서 발간됐다. 〈한국시인전집〉은 우리 출판계에서 최초의 '기획 출판'으로 꼽힌다. 이때부터 전집 붐이 일었는데 출판사는 대박을 터뜨렸다. 취직도 하고 연인도 얻었으나 그는 왠지 직장생활에 썩 만족스러운 표정이 아니었다. '자유인'을 표방했던 그에겐 직장생활이 잘 맞지 않았다. 결국 그는 2년 만에 사표를 썼다. 훗날 그 시절을 회고하면서 '시시한 날의 시시한 이야기'라고 쓴 걸로 봐 몹시 불만스러웠던 모양이다.

1960년 5월 8일, 그는 신구문화사 시절에 만난 동료 이선숙과 결혼식을 올렸다. 장소는 서울 종로 운현궁, 주례는 조지훈 선생. 둘 중에서는 이선숙이 적극적으로 나섰다. 고대 영문과 출신의 이선숙은 활달하고 적극적인 성격의 소유자였다. 두 사람은 연애 시절부터 자주 다투기도 했다. 이선숙은 일전에 필자에게 임종국과 결혼하기로 마음먹은 까닭을 두고 "임종국이 천재여서 그를 닮은 천재 아들을 낳고 싶었고, 또 하나는 그의 글솜씨에 반했다"고 말했다. 임종국은 한번 쓰면 다시 고쳐 쓰는 법이 없었다고 한다.

두 사람은 서울 성북구 하월곡동에 신혼집을 꾸렸다. 이듬해 4월, 첫아들이 태어났다. 그러나 기쁨은커녕 두 사람 사이에는 한랭전선이 형성돼 있었다. 실직한 그는 엉뚱한 자존심을 내세웠고, 선숙은 육아 일로 지쳐 있었다. 얼마 뒤 선숙은 아이를 시댁에 맡기고 집을 나와 새 일자리를 구했다. 뜻하지 않게 두 사람은 별거를 하다가 결국 결혼 2년도 안 돼 정식으로 이혼했다. 딱히 마땅한 수입이 없던 그는 종로 길거리에서 기타를 치며 약장사를 하거나 화장품 외판원, 참빗 장사 등을 하면서 근근이 생활하였다.

그러기를 2년여가 지나서 두 사람은 다시 합쳤다. 합친 계기는 아이 때문이었다.

곡절 끝에 아내와 다시 합친 그는 신문에 연재를 하면서 바쁜 나날을 보냈다. 그 무렵 5·16쿠데타 세력들이 추진해온 한일회담을 놓고 시끄러웠다. 야당과 대학가는 굴욕외교라며 연일 박정희 정권을 비판하였다. 그 무렵 그는 20년 전에 자신이 겪은 일화 하나를 떠올렸다. 1945년 8월 말, 일본이 항복하고 아직 미군이 진주하기 전이었다. 당시 그가 다니던 경성농업학교에 일본군 패잔병들이 10일 정도 머물렀다. 그때 거기서 만난 한 일본군 병사가 그에게 "20년 후에 다시 만나자!"고 했다. 그 일본군 병사의 말이 우연히 떠올랐다.

## "제2의 이완용이 되더라도" 타령

1965년 6월, 곡절 끝에 한일회담이 타결되었다. 일제가 패망하여 물러간 지 꼭 20년 뒤였다. 양국 수교를 골자로 한 한일협정 타결 과정에서 소위 '구보타 망언' 등으로 한국인들의 반한감정은 극에 달해 있었다. 게다가 한국 정부의 한 장관이 "제2의 이완용이 되더라도…" 운운하며 한일회담을 성사시키겠다고 호언장담을 했다. 그는 '이거 안되겠구나' 하는 생각이 들어 뭔가 한국 사회에 경종을 울릴 만한 작업을 하기로 마음먹었다. 그래서 시작한 것이 이듬해 출간된 〈친일문학론〉 집필이었다. 그가 밝힌 집필 동기는 아래와 같다.

"1965년 여름, 한일회담 반대 데모로 그해 여름은 뜨거웠다. '꼭 20년 후에 다시 만나자'더니 정말 20년 만에 쪽발이 놈들이 다시 몰려오게 되는구나! 그놈들은 일개 병사조차도 '20년 후에 다시 만나자'는 신념을 갖고 있었는데 우리는 장관이란 사람이 '제2의 이완용이 되더라도' 타령을 하는 판이었다. 이완용이 될지언정 한일회담을 타결하겠다면 그건 대체 어느 나라를 위한 한일회담이란 말인가? 회담이 타결되기도 전에 그런 타령부터 나온다면 그것이 타결된 후의 광경은 뻔한 것이라고 생각되었다. 물밀듯이 일세日帝는 침투해올 것이요, 거기에 영합하는 제2의 이완용이, 제2의 송병준이, 제2의 박춘금이가 얼마든지 또 생겨날 것이다. 묵은 친일파들이 비판받는 꼴을 본다면, 제2의 이완용, 박춘금이 그래도 조금은 주춤하겠지? 이런 생각에서 나는 〈친일문학론〉을 쓰기로 작정했다."

해방 당시만 해도 그는 친일 문제에 대해 별다른 문제의
식은 없었다. 일제하에서 식민지 교육을 받은 탓이었다. 그
가 일제 강점기의 실상을 처음 접한 것은 〈이상전집〉을 준
비할 때였다. 이상의 작품을 찾기 위해 일제 때 나온 신문,
잡지를 조사하면서 친일의 실상을 목격하였다. 그때만 해
도 관심은 문학이었고, 좁게는 이상 개인이었다. 그러다가
신구문화사에 들어가 〈한국시인전집〉을 편찬하면서 다시
이 문제를 접하게 되었다. 전집에 담을 대상자들의 작품을
확인하기 위해 일제 당시의 자료 조사는 필수적이었다. 그
는 조사한 내용을 작자, 장르, 발표 매체, 발표 시기 등으로
구분하여 목록을 만들었다. 이때 만든 목록은 훗날 〈친일
인명사전〉을 만드는 데 기본 자료로 활용되었다.

〈친일문학론〉 집필은 8개월 만에 끝낼 수 있었다. 사전
에 자료 조사가 탄탄히 돼 있었던 덕분이었다. 그는 원고를
들고 몇몇 출판사를 찾아갔는데 전부 퇴짜를 놓았다. 어떤
친구들은 "(그런 책을 내면) 나중에 안 좋다"며 책 출간을 말리
기도 했다. 돌고 돌아 결국 평화출판사에서 출간하게 됐다.
초판 1,500부를 찍었는데 이걸 소화하는데 꼬박 13년이 걸
렸다. 1979년 10·26이 나고 난 뒤에야 겨우 재판을 찍었다.
하나 놀라운 사실은 초판 1,500부 가운데 1,000부는 일본

으로 건너갔다고 한다. 1989년 그가 타계한 직후 천안 자택 책상 위에는 일본인 지인들이 보내온 조전이 여러 통 놓여 있었다.

〈친일문학론〉은 여러 가지로 특이한 책이다. 무엇보다도 성역이나 금기 없이 다룬 점이 그렇다. 이 책에는 그의 대학 은사인 현민, 유진오(전 고려대 총장)를 비롯해 부친(임문호)까지도 포함시켰다. 또 부친과 잘 알고 지내던 백철, 조용만, 조연현 등도 빼지 않고 다 넣었다. 그는 원고를 다 써놓고 그의 부친을 찾아갔다. 일제 말기에 친일로 전향한 부친을 넣을지 말지가 고민이었다. 그랬더니 그의 부친 왈, "내 이름 빠지면 그 책은 죽은 책이다"라고 했다. 자신의 부친을 넣기로 한 마당에 이제 더 이상 고민할 것이 무엇이 있겠는가. 이 책은 그가 좌고우면하지 않고 인정사정 볼 것 없이 쓴 책이다. 이런 예는 찾아보기 어렵다. 한 마디로 무서운 책이다.

## 〈친일문학론〉에 침묵한 문단

그러나 문단은 놀랍도록 조용했다. 이 책은 근대 한국 문단의 유명 작가 28명의 친일 행적을 낱낱이 밝혀놓았다.

이들 외에도 문인, 예술가 150명이 이 책에 언급돼 있었다. 책이 나올 당시만 해도 생존자가 상당수 있었다. 그런데 그들을 포함해 그 누구도 나서서 이 책을 거론하지 않았다. 얼마 뒤에 문학평론가 홍사중이 쓴 비평이 유일했다. 저자인 그로서는 놀랍기도 하고 답답하기도 했다. 책이 반응이 좋아 많이 팔리면 후속 작업을 할 계획이었다. 사회·경제 부문을 각 2천 매씩 두 권으로 펴낼 요량이었다. 그러나 책도 안 팔리고 문단의 반응도 없자 그는 의기소침해졌다. 은사 조지훈 말고는 따뜻한 격려를 보내는 사람도 하나 없었다.

그에게 1960년대 중반은 가장 힘든 시기였다. 사회적으로도 혼란한데다 직업도 없이 가정을 꾸리는 것이 몹시 힘겨웠다. 어느 날 그는 안국동 선학원에 머물고 있던 고은 시인을 찾아갔다. 당시 고은은 환속한 상태였다. 그는 고은에게 입산 삭발하고 싶다고 했다. 고은이 말리자 이번에는 한강에 가서 투신이라도 해야겠다며 막무가내였다. 그 무렵 어렵게 재결합한 아내와 다시 갈등을 빚게 되었다. 엎친데 덮친 격으로 그가 심각한 위장병으로 쓰러지고 말았다. 그는 병실에서 처연한 시를 쓰며 자신의 처지를 자책하였다. 아내와는 갈라진 틈새를 메우지 못해 결국 두 번째 이혼까지 하게 되었다. 둘은 개성이 강한데다 성격 차이가 컸다. 천재는 광인에 가깝다는 말처럼 그는 성격이 불같고 괴팍하였다.

아내와 이혼한 후 그는 하월곡동에서 하숙을 했다. 그곳에서 우연히 새 인연을 만나 가정을 꾸렸다. 새 아내는 그보다 18세 연하였다. 몇몇 잡지에 투고하는 것 말고는 그는 여전히 백수였다. 건강도 여전히 좋지 않은 데다 집으로 찾아오는 방문자가 많아 집필에 몰두할 수가 없었다. 마침내 결단을 내렸다. 1980년 늦가을, 그는 천안으로 이사를 했다. 유산으로 물려받은 돈으로 미리 사둔 땅에 밤나무 1,000여 그루, 호두나무 400여 그루를 심었다. 주경야독할 참이었다. 그러나 수익은 예상 못 했다. 일꾼들 품삯을 빼고 나면 남는 게 별로 없었다. 할 수 없이 더덕을 키워 내다 팔아 생활비에 보탰다.

시골 생활은 경제적으로는 고달팠지만 모처럼 그에게 소박한 일상을 선사했다. 심신이 평안해지자 그는 집필에 전념할 수 있게 됐다. 이사한 그해 출간한 〈한국사회풍속야사〉를 시작으로 매년 한 권꼴로 책을 출간했다. 〈정신대실록〉(1981), 〈일제 침략과 친일파〉(1982), 〈밤의 일제 침략사〉(1984), 〈일제하의 사상탄압〉(1985), 〈친일논설선집〉(1987), 〈일본군의 조선침략사 1〉(1988), 〈일본군의 조선침략사 2〉(1989) 등이 그것이다. 단행본 출간 외에도 그는 잡지에 묵직한 글들을 자주 기고하였으며, 80년대 중반에는 중앙일보에 고

정칼럼과 시론을 쓰기도 했다.



## 아들과 자취하며 도서관 자료 복사

왕성한 집필을 위해서는 방대한 양의 자료가 뒷받침돼야 한다. 특히 친일 문제는 개인의 명예와도 관련된 것이어서 정확한 자료 입수가 필수적이었다. 요즘이야 집에 앉아서도 컴퓨터로 옛날 신문기사나 자료 검색이 가능하지만 그 때는 그러지 못했다. 도서관이나 자료 소장처에 가서 복사하거나 베껴오는 길밖에 없었다. 80년대 중반 그는 당시 중학생이던 차남을 데리고 서울로 올라왔다. 도서관 인근에 자취방을 얻어 지내면서 근 6개월을 도서관에 처박혀 자료를 찾았다. 지인에게 보낸 편지에 그때의 실상이 잘 나타나 있다.

"나이 오십 줄에 들어선 지 오래인 제가 방을 세내서 자취를 합니다... 두 달 정도 걸려서 <조선총독부 관보> 조사를 완전히 끝냈습니다만, 1년분 평균 600~700매를 복사했으니까 35년분 총계 2만 매 이상이나 되는 굉장한 작업이었습니다. 그다음이 <매일신보>로 종전 전™ 약 10

년분에 대한 조사입니다. 이놈은 복사도 할 수 없으니 할 수 없이 필사를 할 예정입니다. 아들을 조수로 삼고 2개월 정도 시간을 들이면 어떻게든 완성될 것으로 예정하고 있습니다... 머리칼이 반백이 된 인간이 쌀을 일구는 것도 그렇게 나쁘지만은 않은 삶입니다. 가족을 부양하느라 여기저기 신경을 써온 생활에 비해 지금은 밖의 일 걱정 없이 자료 조사에만 몰두할 수 있으니 마음이 자유롭고 넓어지는 참입니다."

오십 중반의 나이에 어린 아들과 자취생활을 하면서 먼지투성이의 자료 더미를 뒤진 그의 모습을 상상하면 가슴이 먹먹하다. 돈이나 명예가 생기는 일도 아니요, 설사 그런 것이 생긴다고 해도 그런 일을 하겠다는 사람이 과연 몇이나 될까. 그에게 유혹은 손길이 전혀 없었던 것도 아니었다. 어떤 친일파의 후손은 자기 조상의 친일 행적에 대해서는 입 다물어 달라며 그 대가로 대학의 교수 자리를 제안하기도 했다. 또 어떤 이는 학술재단 같은 데서 연구비를 지원받아볼 것을 권하였다. 그러나 그는 "연구비 지원을 받으면 글 쓸 때 붓끝이 떨린다"며 끝내 사양하였다. 그는 경제적 궁핍, 학계의 외면, 주변의 불필요한 오해 속에서도 자신이 품은 뜻을 조금도 굽히지 않았다.

친일파 연구에 열정을 쏟고 있던 그에게 복병이 하나 있었다. 건강 문제였다. 평소 기관지 천식을 앓고 있었음에도 담배를 즐겼다. 담배를 즐겼다기보다 그에게 담배는 일종의 위안의 친구 같은 존재였다. 80년대 중반경부터 그는 200보를 계속해서 걸을 수 없을 정도였다. 외출 시에는 길을 걷다가 한참씩 쉬어가곤 했다. 걸음걸이는 매년 반으로 줄어들었다. 타계할 무렵에는 방에서 마루까지 나오는 것도 힘들어할 정도였다. 심지어 집안에 산소통을 비치해 두고 급할 때면 응급조치를 하기도 했다. 자신의 죽음이 멀지 않았음을 감지한 그는 마지막 과제를 같이 연구할 동반자를 물색하였다.

그가 구상한 마지막 과제는 10권짜리 '친일파 총서'를 펴내는 것이었다. 당시 독립기념관에 근무하던 두 젊은 사학자와 함께 이를 마무리할 요량이었다. 10권 중에서 본인은 총론, 사상 침략과 친일파, 정치 침략과 친일파, 해방 이후 친일파 등 네 주제를 맡고 그 외 동양 종교, 서양 종교, 사회·교육 침략과 친일파, 경제 침략, 만주·중국 침략, 문화 침략과 친일파 등은 두 사람에게 맡기기로 했다. 집필 기간은 2년 정도로 잡았다. '총서'는 〈친일문학론〉을 낸 평화출판사에서 내기로 했다. 출판사 측에서는 필진에게 집필실을 별도로 만들어줄 계획까지 세워 놓았다. 그러나 이같은 야심찬 계획은 그의 죽음으로 결국 무산되고 말았다.

1988년 7월경, 그는 밤나무 숲이 있는 산속 집에서 천안 시내로 이사를 나왔다. 주변 사람들이 산의 냉기가 기관지에 해롭다는 얘기를 들려줬다. 그 무렵 지인에게 보낸 편지에서 그는 "고물 자동차라서 보링을 했다"는 식으로 표현했지만, 그의 건강은 이미 심각한 지경이었다. 1989년 11월 5일 밤, 그의 상태가 심각하여 급히 병원으로 옮겼는데 2, 3일이 지나서야 겨우 의식을 회복했다. 목을 뚫어서 말을 할 수 없었던 그는 눈짓으로 대화했다. 그는 의사에게 "나를 좀 살려달라. 아직 할 일이 많이 남았다"고 쓴 쪽지를 건네며 마지막까지 생의 의욕을 보였다. 그러나 상황은 이미 돌이킬 수 없는 지경이었다.

11월 12일, 그는 끝내 자리에서 일어나지 못한 채 생을 마감했다. 환갑잔치를 한 지 불과 보름 만이었다. 제일 먼저 문상을 온 사람은 백범 암살범 안두희를 응징한 권중희였다. 권 씨는 그의 영정 앞에 엎어져 "친일파 놈들은 산삼 녹용에 팔구십을 사는데 선생은 어찌 이리도 선뜻 가시느냐"며 대성통곡을 했다. 장례는 3일장으로 치러졌고, 묘소는 천안공원묘원으로 정했다. 생전에 그가 필생의 업으로 여겼던 '친일파 총서'를 펴내지 못한 것은 못내 아쉬운 일이다. 그러나 그는 일생을 통해 자신이 뜻한 바를 일관되게

밀고 나갔고, 또 상당 부분을 성취하였다. 끝으로 그가 말년에 자신의 삶에 대해 쓴 글의 한 토막을 소개한다.

"60의 고개 마루에 서서 돌아보면 나는 평생을 중뿔난 짓만 하면서 살아왔다는 생각이 든다. 문학가를 꿈꾸던 녀석이 고시 공부를 했다는 자체가 그랬고, <이상전집>이 그랬고, <친일문학론>이 그랬고, 남들이 잘 안 하는 것만 골라가면서 했던 것 같다. 타고나기를 그 꼴로 타고났던지 나는 지금도 남들이 흔히 하는 독립운동사를 외면한 채 (일제) 침략사와 친일사에만 매달리고 있다... 권력 대신 하늘만한 자유를 얻고자 했지만 지금의 나는 5평 서재 속에서 글을 쓰는 자유밖에 가진 것이 없다. 야인이요, 백면서생으로 고독한 60년을 살아왔지만 내게 후회는 없다. 중뿔난 짓이어도 누군가 했어야 할 일이었다면 내가 산 자리가 허망했던 것만은 아니라는 생각이 든다."

우유 팔아서
'민족사관고' 설립한

최명재

"어느 사람이 재물을 지녔다면 냇물이 흐르다가
웅덩이를 만나 잠시 머무는 것일 뿐이다.
돈은 물과 같아서 고이면 썩는다.
내가 돈을 벌었다면 그것은
사회가 잠시 내게 돈을 맡겨 제대로 쓰도록
기회를 허락한 것에 지나지 않는다.
사회로부터 돈을 위탁받은 나는
가장 적절한 용처에 효율적으로
그 돈을 써야 할 의무를 진다.
이 의무는 피할 수가 없는 지엄한 명령이다."

———————

　강원도 횡성에 있는 민족사관고등학교(약칭 민사고). '사관'
은 사관학교의 '사관士官'이 아니라, 역사관 할 때 '사관史觀'
이다. 학교명은 흔히 서울고, 부산고 하듯이 지명을 따거나
아니면 설립자의 이름이나 아호를 따서 짓는 것이 보통이
다. 그런데 이 고등학교는 학교 이름이 독특하다. 그런 걸로
봐 설립자가 예사 사람이 아니라는 건 쉽게 추측할 수 있
다. 이 학교의 설립자는 파스퇴르우유 창업자 최명재 회장
이다. 생전에 그는 '돈키호테' '고집쟁이' 등으로 불렸다. 그
는 무슨 연유로 이런 독특한 성격의 학교를 세우게 됐을까.
　최명재는 1927년 전북 김제에서 태어났다. 윗대부터 집
안은 비교적 넉넉했다. 그의 조부는 기근이 들면 곳간을 열
어 이웃에 인정을 베풀었다. 그의 부친은 학교가 멀어 학업
을 포기하는 학생들을 위해 고향에 상용보통학교를 세웠는
데 이로 인해 가세가 기울었다고 한다. 최명재는 보통학교

(초등학교)를 졸업하고 전주 북중학교로 유학을 떠났다. 당시
는 일제 강점기여서 우리 역사를 제대로 가르치지 않았다.
그러던 어느 날 우연히 충무공 이순신을 알게 되면서 잠자
고 있던 그의 민족혼에 불이 붙었다. 훗날 영국의 이튼스
쿨을 방문했다가 그 학교 출신 넬슨 제독의 트라팔카 해전
전승기념식을 보고 이순신을 다시 떠올렸다. 민사고 설립의
꿈은 이때부터 움트기 시작했다.


## 한국전쟁 후 은행원 생활 첫발

전주북중 졸업 후 그는 이런저런 궁리 끝에 산업계로
진출하기로 마음먹었다. 해방 이듬해인 1946년 8월, 그는
서울로 올라와 경성경제전문학교(서울대 상대 전신)에 입학했
다. 고학을 하면서 학교를 다니던 중에 한국전쟁이 터졌다.
부산으로 내려간 학교를 따라가서 학업을 계속하고 싶었으
나 가족의 생계 때문에 학업을 중단하였다. 1953년 전쟁이
끝나고 일상으로 돌아왔다. 마침 한국 상업은행에서 행원
공채가 있었는데 이에 응시해 합격하였다. 그는 동대문 지
점에 배치돼 은행원 생활을 시작했다.
행원 시절 그는 유능한 사원으로 인정받았다. 혼자서 시

중은행 최초로 업무 규정집을 만들어 5급 행원에서 일약 3급 대리로 승진하였다. 또 종로지점으로 전근 가서는 묵은 창고에서 상업은행의 전신인 천일은행의 최초 인허장을 찾아냈다. 말하자면 상업은행의 출생 증명서를 찾아낸 셈이다. 이 일로 그는 하루아침에 행장 비서실로 발령이 났다. 은행 안에서는 그를 두고 미래의 은행장감이라며 칭찬이 자자했고, 당시 은행원은 최고의 직장이었다. 그러나 그는 남들이 다 부러워하는 비서실 근무를 사양하였다. 그는 그때 이미 마음이 뜬 상태였다. 월급쟁이는 더이상 희망이 없다고 판단하였다.

1960년 가을, 그는 7년 다닌 상업은행을 나왔다. 제일 처음 생각한 새 직업은 택시 운전사였다. 주변 사람들은 믿지 않았다. 그러나 말거나 그는 택시 운전사로 취직했다. 택시 운전은 뛰는 만큼 벌었다. 그는 하루 20시간을 40시간으로 생각하고 뛰었다. 게다가 당시는 합법적이었던 합승을 통해 다른 기사들보다 많은 수입을 올렸다. 택시 운전 2년 만에 택시 한 대를 소유하게 되었다. 다시 6년째 되던 해에 그는 택시 다섯 대를 보유하고서 소규모 택시 회사를 세웠다. 비로소 사장님이 되었다.

60년대 중반, 월남전 특수가 한창이었다. 그 선두에는 한진운수의 조중훈 사장이 있었다. 그는 월남전에서 번 돈으로 남대문 근처에 한진빌딩을 올렸는데 사람들은 그 빌딩을 '월남빌딩'이라고 불렀다. 그러나 월남전은 미국의 패전으로 끝나면서 막을 내렸다. 다시 사람들은 해외로 눈을 돌렸는데 그때 '포스트 베트남'으로 떠오른 곳은 중동 산유국이었다. 일본 오사카 영사관에 근무하던 친구를 통해 그는 우연히 중동과 선이 닿게 되었다. 이란의 석유 채굴권을 지배하고 있던 걸프사가 유럽으로부터 이란으로 실어나르는 유전용 자재 수송업이었다. 그는 일단 도전해보기로 마음먹었다.

일단 계약은 잘 진행되었다. 그는 상대측에 한 가지 제안을 했다. 약속한 한 달 작업량을 만약 20일에 완료하면 나머지 10일은 마음대로 사용할 수 있도록 해달라고 요청했다. 단, 약속한 한 달 이내에 자재 수송을 다 마치지 못하면 대금을 받지 않기로 했다. 이러나저러나 이란 측 사업자야 물자 수송만 제때 이뤄지면 밑질 것이 없었으니 흔쾌히 수락했다. 프랑스 파리에서 출발하여 동유럽과 발칸반도, 터키를 지나 테헤란에 이르는 대장정이었다. 그간 이 용역을 맡아온 영국인 운전사들은 평균 12일 걸렸다. 왕복 24일, 거의 한 달이 걸렸다. 그렇다면 한국인 운전사들은 며칠이 걸렸을까?

1975년 초, 수송단이 유라시아 대륙 횡단의 장정에 올랐다. 그는 30대의 트럭 선두에서 직접 트럭을 몰았다. 한국인 운전사들은 그야말로 지독했다. 새벽에 일어나 밥만 먹고 나면 달렸다. 그 결과 그의 수송단은 불과 8일에 테헤란에 도착했다. 약속대로 남은 시간도 자유롭게 쓸 수 있게 되었다. 그는 트럭을 30대에서 50대로 늘렸다. 20대에는 유럽의 생필품을 사서 싣고 와 테헤란 시장에 내다 팔았다. 이란은 생필품이 부족한 상황이어서 이란 정부로부터 관세 면제는 물론 장려금까지 받게 되었다. 한 마디로 당시 그는 '자루에 돈을 퍼담을 정도로' 떼돈을 벌었다. 노력도 했지만 운도 따랐다.

## 학교 세워 '이상적 교육' 꿈 키워

이란에서 돌아온 그는 다음 사업을 구상하였다. 주변에서는 부동산 투자나 건설업을 권하였다. 땅장사도 그렇고 건설업도 믿음이 가지 않았다. 그렇다고 운수업을 다시 하는 것도 내키지 않았다. 그런 그에게 당장이라도 하고 싶은 일이 하나 있었다. 학교를 지어 평소 마음먹은 대로 이상적인 교육을 하는 것이었다. 영국에서 이튼스쿨을 방문했을 때 마음속으로 다짐한 것이 새삼 떠올랐다. 그런데 교육은 돈을 버는 사업이 아니다. 그는 한국의 사학이 일그러진 이유를 잘 알고 있었다. 한 인터뷰에서 그는 이렇게 말했다.

"사학私學이라는 것은 재단에서 학교의 운영비를 대는 것인데 거꾸로 학생들로부터 거둔 돈으로 재단을 살찌우고, 재단은 그 돈으로 다른 사업을 하거나 부동산에 투자합니다. 세상에 이렇게 거꾸로 된 나라가 어디 있어요... 이게 우리나라의 사학이고, 많은 문제가 있다는 걸 알면서도 '어쩔 수 없다'고 받아들입니다. 어쩔 수 없기는 뭐가 어쩔 수 없어요. 잘못된 것이 있다면 고쳐야지요. 이것이 우리나라 사학의 일반적인 형태라면 내가 지금부터 하려는 사학은 지금까지의 그것과는 정반대의 모습이 될 겁니다."

그는 이튼스쿨 같은 제대로 된 학교를 세우고, 또 제대로 된 교육을 하려면 학교가 재정적으로 자유로워야 한다고 생각했다. 학교가 돈 문제에서 자유로우려면 재단이 튼튼해야 한다. 재단이 튼튼하려면 깨끗하고 안정적인 기업이 뒷받침해줘야 한다. 지극히 당연하면서도 쉽지 않은 일이었다. 결국 그는 그런 좋은 기업을 일궈서 제대로 된 학교를 세워보기로 마음먹었다. 깨끗하고 공익성 짙은 기업을 찾다가 생각해낸 것이 목장 사업이었다. 마침 정부에서도 낙농업을 권장하면서 각종 혜택을 주었다. 그로서는 천재일우의 기회를 얻은 듯했다. 얼마 후 그는 강원도로 달려갔다.

젖소의 대종을 이루는 홀스타인종은 독일 북부 산간지대에서 비롯됐다. 대관령 고랭지 부근에 마땅한 곳을 물색해 보았으나 여의치 않았다. 그래서 대관령과 비슷한 조건이면서도 서울에서 가까운 횡성군 안흥면 소사리 일대 덕고산 자락의 32만 평을 매입했다. 나중에는 확장하여 70만 평으로 늘어났는데, 여의도 크기와 비슷했다. 그는 이 땅에서 천금의 가치를 일구어내기로 마음먹었다. 목장 이름은 성진목장이라고 지었다. 운수업을 할 때 세운 성진공업사에서 따온 것이었다. 산속에 집을 짓고 가족들도 모두 서울서 내려왔다. 지천명의 나이에 그는 퇴로를 끊고 새로운 도전에 나섰다.

목장을 위한 첫 임무는 초지 조성이었다. 이어 직접 미국으로 날아가 우수한 젖소 70마리를 구입했다. 모두 생전 처음 해보는 일이었다. 낮에는 일하고 밤에는 책을 보며 관련 지식을 습득했다. 노력한 끝에 3년 만에 젖소는 450마리로 늘어났고, 하루에 우유 생산은 4~4.5t에 달했다. 그때까지만 해도 그는 우유가 어떤 과정을 거쳐 소비자의 식탁에 오르는지 관심이 없었다. 그러다가 1981년, 일본 낙농

업계 견학을 갔다가 충격적인 사실을 알게 됐다. 우유에 가짜가 있고, 진짜가 있다는 것이었다. 젖소한테서 짠 우유가 가짜가 있다니. 처음에는 믿기지 않아 말장난이라고 생각했다.

시중에 판매되고 있는 우유는 젖소한테서 갓 짠 원유를 130도가 넘는 초고온으로 살균하는데 이를 'L.L 우유<sup>Long Life Milk</sup>'라고 한다. 이렇게 하면 일주일 넘게 우유를 변하지 않도록 유지할 수 있다. 그런데 이런 식으로 우유를 고온으로 삶아내면 우유의 생명력이 전부 파괴되고 만다는 점이다. 그래서 이걸 죽은 우유, 또는 가짜 우유라고 부른 것이었다. 듣고 보니 일리가 있는 말이었다. 그래서 이 분야의 전문가를 찾아갔다. 초고온 멸균방식<sup>UHT</sup> 말고 우유의 생명력을 보존하는 저온살균방식(섭씨 63도), 즉 파스쳐라이제이션이라는 것이 있다는 사실을 알게 됐다. (저온살균법은 프랑스의 세균학자 루이 파스퇴르가 포도주의 부패와 변질을 막기 위해 개발함) 저온살균법이 좋다는 것은 일본 유가공업자들도 잘 알고 있었으나 누구도 쉽게 나서지 않았다. 대량 보급과 유통 측면에서는 초고온 멸균방식이 유리했기 때문이었다.

## 진짜 우유를 소비자에게 공급키로

귀국하면서 그는 굳게 마음먹었다. 한국의 잘못된 우유 생산 체계를 방관하지 않겠다, 또 적어도 성진목장에서 생산된 우유만큼은 진짜 우유로 소비자들에게 공급하겠다고. 그러나 현실의 벽은 두터웠다. 저온살균법은 비용이 많이 드는 반면 유통기간이 짧아 경제성 측면에서는 불리하였다. 더욱 심각한 것은 한국에서는 저온살균 우유가 있다는 사실조차도 모르고 있었다. 그는 일본인 전문가의 도움을 받아 공장 건설에 박차를 가했다. 상표는 '파스퇴르우유'라고 이름 지었다. 파스쳐라이제이션 방식으로 만든 우유인 걸 강조했다. 직원들은 다른 우유공장 근무경력이 전혀 없는 사람들을 뽑았다. 잘못된 습관이나 의식은 고치기 어렵다는 생각에서였다.

1987년 9월 7일, 파스퇴르우유가 첫선을 보였다. 이름도 낯선데다 값도 기존 우유에 비해 두 배나 비쌌다. 시장의 반응은 냉담했다. 백화점은 마치 약속이나 한 듯이 납품을 거절하였다. 시중 대리점이나 구멍가게조차도 마찬가지였다. 파스퇴르우유를 받으면 다른 모든 우유를 공급하지 않겠다고 하니 그럴 수밖에 없었을 것이다. 오직 하나 압구정동 현대백화점에서 납품을 받아주었을 뿐이다. 그는 비상 수단으로 소비자들과 직접 만나기로 했다. 아파트를 돌면서 홍보를 한 결과 한 달 만에 하루 생산량 4.5t을 소비할 수 있게 되었다. 그러나 본격적인 우유 전쟁은 이제부터였다.

이듬해 2월, 일본에서 열린 국제우유심포지엄에 참석하고 귀국하였다. 김포공항에 마중을 나온 직원은 대뜸 그에게 "사장님, 우린 이제 죽었습니다"라고 말했다. 당국에서 과대 선전이라며 행정조치를 하겠다고 한 것이었다. 당국자는 '우유는 전부 소의 젖인데 같은 소의 젖으로 만든 것이 무슨 차이가 있겠느냐'는 식이었다. 당국이 기존 우유업체를 편들고 나선 것이 분명했다. 싸우느냐, 마느냐의 기로에서 그는 '죽으면서 사는 길'을 택했다. 이때 돌파구로 생각해낸 것이 신문광고였다. 신문 하단의 광고면을 사서 하고 싶은 얘기를 싣는, 소위 '의견광고'를 하기로 했다. '최명재식 광고'는 이렇게 해서 탄생했다.

3월 15일자 조선일보에 첫 회분이 실렸다. 제목은 '이 땅에 좋은 우유의 뿌리를 내리고 우리 회사가 살아남기 위하여 부득이 이렇게 할 수밖에 없었던 경위'. 글은 그가 직접 썼다. 다른 사람이 써 줄 수도 없었다. 광고의 반향은 매우 컸다. 파스퇴르우유를 죽이려고 했던 유가공업계는 일단 숨을 죽이고 관망했으나 소비자들은 관심을 갖기 시작했다. 이후 유가공협회가 본격 전선에 투입되면서 이 전쟁은 전면전으로 비화되었다. 그는 후속 광고를 통해 양심 없는 학자들까지도 함께 비판하였다. 게다가 동아일보에도 광고를 싣기 시작했다. 그는 전투에서는 졌는지 몰라도 전쟁에서는 승전보가 울렸다. 좀 뒤의 일이지만 파스퇴르우유는 국내 최초로 까다롭기로 유명한 미군에도 납품하였다.

출범 이듬해에 파스퇴르우유는 매출이 10배나 신장되었으며, 이후 매년 2~3배씩 가파르게 성장하였다. 졸지에 창사 몇 년 만에 업계 4위로 부상하였다. 파스퇴르우유가 좀 잘 나간다 싶으니 악성루머가 따라붙었다. 비위생적이라느니, 이순자가 투자하였다느니, 심지어 통일교와 관련이 있다는 괴담도 나돌았다. 이런 와중에 중앙일보에 아픈 기사가 실렸다. 파스퇴르우유가 기존 우유보다 질이 좋은 것도 아니고, 잘못된 소비심리를 자극하기 위한 상술이라는 것이었다. 6개월 동안 무려 15차례나 이런 식의 기사가 실렸다. '조중동'에서 중앙만 광고가 없으니 보복을 한 것이 분명했다. 언론중재위에서는 상호 화해를 권고하였으나 그는 '잘못한 것이 없다'며 끝내 응하지 않았다.


우유 사업이 본궤도에 오르자 그의 내면에서 꿈틀거리는 것이 하나 있었다. 그가 사업을 해서 돈을 벌기로 한 것은 일신의 호강을 위해서가 아니었다. 이튼스쿨 같은 학교를 세우려면 안정적인 재원이 필요했기 때문에 시작한 일이었다. 그는 '진짜 우유' 전파에서 '교육 혁명'으로 관심을 옮겼다. 70년대 중반, 이란에서 수송업을 하면서 국가와 민족의 미래를 여는 것은 교육뿐이라는 결론을 내렸다. 77년 유럽 여행길에 일부러 영국의 이튼스쿨을 찾아갔다가 큰 감명을 받았다. 거기서 그는 민족주체성을 가진 세계적 지도자 양성에 자신을 바치기로 했다. 평소 그는 재물에 대해 다음과 같이 생각했다.

"어느 사람이 재물을 지녔다면 냇물이 흐르다가 웅덩이를 만나 잠시 머무는 것일 뿐이다. 돈은 물과 같아서 고이면 썩는다. 내가 돈을 벌었다면 그것은 사회가 잠시 내게 돈을 맡겨 제대로 쓰도록 기회를 허락한 것에 지나지 않는다. 사회로부터 돈을 위탁받은 나는 가장 적절한 용처에 효율적으로 그 돈을 써야 할 의무를 진다. 이 의무는 피할 수가 없는 지엄한 명령이다."

그가 처음부터 학교를 설립할 생각을 가진 것은 아니었다. 학교는 세상에 차고 넘쳤다. 그래서 처음에는 지역의 횡성고등학교에 기숙사 건립과 운영비 지원을 했다. 그러나 이런 방식은 기존의 교육 체계 하에서는 한계가 있었다. 결국 그는 '새 술은 새 부대'에 담기로 하고 새로운 고등학교 설립에 나서게 되었다. 해외의 선진사례 견학을 위해 92년부터 미국의 명문 사립고인 필립스 아카데미 앤도버, 초트 로즈마리 홀, 영국의 이튼스쿨 등을 방문하였다. 귀국 후 교육계 원로, 전문가들로 자문위원회를 꾸렸다. 그들에게 자신이 구상하고 있는 학교의 모델을 설명하였다. 반응은 매우 실망스러웠다. '그런 학교는 세계 어디에도 없으며, 비교육적 발상이니 중단하라'는 것이었다.

## '민족사관고등학교' 명칭 논란

교육전문가들이 가장 거부감을 느낀 것은 '민족사관고등학교'라는 이름 때문이었다. 민족주의적인 색채가 너무 강해 파시즘 교육을 연상시킨다고 했다. 그러나 이 정도에서 포기할 그가 아니었다. 그들의 충고는 충고대로 받되 자신이 뜻한 대로 밀고 나가기로 했다. 그는 말이 통할 만한 사람을 찾아 나섰다. 우선 이영덕 명지대 총장, 장기옥 전 교육부 차관, 이돈희 교육개발원장 등을 만나보았다. 그들은 하나같이 민사고 설립 구상에 박수를 쳤다. 그에 힘입어 1992년 10월, 교육청에 '학교법인 명재학원' 설립 허가를 신청했다. 재단 출연금은 그의 개인재산과 파스퇴르유업의 이익금으로 충당키로 했다.

1993년 4월, 법인 설립과 함께 학교 설립 인가도 받았다. 학교는 우선 남고인 민족사관고등학교와 여고인 사임당여자고등학교를 순차적으로 설립하기로 하고 그 성과를 봐가면서 아래로 중학교, 위로 대학교도 설립하기로 했다. 그러나 첫해부터 현실적인 난관에 부닥쳤다. 영재교육을 위해서는 수월성 교육과 속진제(월반제)가 필수적인데 일반계열 학교인 민사고는 이에 해당하지 않았다. 민사고 명칭을 놓고서도 저항이 계속됐다. 이념적이고 관념적인 학교명을 바꾸시 않으면 학교 설립 허가를 내주지 않겠다는 것이었다. 그러나 그는 '민족사관'을 절대 양보하지 않았다. 주체성 확립을 위해서는 정확한 역사의식을 갖는 길밖에 없다는 것이 그의 확고한 신념이었다. 이런 일로 시간을 허비하다가 95년 10월에 가서야 민사고 학교 설립 인가가 나왔다.

학교 건물 신축공사는 94년 11월부터 이미 시작되었다. 학교 시설은 전체적으로 전통 한옥의 외형에 현대건축의 기능성을 접합시켰다. 모든 시설은 최신식으로 설치하였다. 초대 교장 선생님으로 이규철 씨를 뽑고 28명의 교사도 선발하였다. 교사 급료는 기존 학교의 2~3배를 약속하였다.

11월 5일 민사고 제1기 선발시험을 실시했다. 학교 설립 인가가 늦어져서 제1기는 시험을 치르도록 했다. 선발 대상자는 학년 성적 상위 1% 이내 수준의 수재들로 국한시켰다. 경쟁률은 5;1이었고, 합격생 30명 전원 장학생이었다. 96년 봄, 학교 시설이 거의 완성되었다. 소요된 비용은 총 500억 원, 학교 부지(38만 5천 평) 대금을 합산하면 대략 1천억 원 정도가 투입되었다. 이제 개교만 남아 있었다.

1996년 3월 1일, 덕고산 중턱에서 민족사관고등학교 개교 및 제1기생 입학식이 열렸다. 3·1절을 개교 및 입학식 날로 잡은 것은 3·1운동의 의의를 기리고자 함이었다. 연단 앞에는 한복차림의 신입생 30명이 도열하였다. 그는 이들이 장차 유능한 인재로 성장하여 조국을 위해 공헌할 것이라는 확신과 기대를 가졌다. 남자 기숙사 앞마당에 15좌의 노벨상 수상자 동상 좌대를 만든 것도 그런 의미였다. 학생들이 빈 좌대를 보면서 그 자리에 자신의 동상이 올라가 있는 꿈을 꾸며 공부하라는 무언의 암시였다.

개교 이후 이런저런 어려움이 닥쳤다. 가장 힘든 것은 낡은 사고의 옷을 벗어버리는 일이었다. 교사들도 학부모도 모두 교육은 이러이러해야 한다는 식의 고정관념에 사로잡혀 있었다. 특히 학부모 중에는 서울대 보내 의사나 판검사 만드는 것이 꿈인 사람들이 적지 않았다. 그런데 민사고는 그런 목적으로 세워진 학교가 아니었다. 난상토론을 해봐도 그 괴리감은 좀체 메워지지 않았다. 급기야 '민사고 학부모회'가 조직돼 학교 운영에 간섭하기 시작했다. 그들은 관계 당국이나 언론에 선을 대 학교를 공격하기도 하였다. 그러나 학교로선 타협할 수 없는 일이었다. 결국 2학기 들어 5명이 전학을 가더니 2학년에 진급할 무렵 19명이 떠나고 말았다. 교사도 몇 명 학교를 떠났다.


### '서울대 가려면 민사고 오지마라!'


개교 1년 만에 학생 30명 가운데 19명이 달아나고 11명만 남았다. 참담한 결과였다. 민사고를 또 하나의 입시 전문 기관으로 인식한 현실 앞에서 그는 낙심이 컸다. 당시 서울대는 모 외국기관의 세계대학 순위조사에서 800등을 했다. 겨우 800등 하는 학교에 가려고 그 좋은 머리를 쓰다니 아깝지도 않은가. 그는 '서울대를 목표로 하는 학생은 민사고에 오지마라!'며 폭탄선언을 했다. 대신 그들에게 세계 10위권 명문대 진학의 길을 개척하고 대학 간판이 아니라 자신이 평생 연구하고 싶은 과제를 가장 잘 공부할 수 있는 대학을 찾는 학생들만 입학시키기로 했다. 영재교육과 대학 입시라는 두 마리의 토끼를 잡기 위한 묘책이었다. 이를 위해 학생들에게 영어 상용常用을 도입하고 '서울대 진학=출세'라는 등식을 점차 지워나갔다. 그런데 예기치 못한 위기가 닥쳤다.

1997년 11월, 외환위기가 닥쳤다. 국가는 부도를 맞게 되었고, IMF 관리체제에 들어가게 되었다. 경제가 어려워지자 고품질 고가의 파스퇴르우유도 매출이 급락하였다. 그는 유일한 부동산이었던 아파트를 팔고 본인과 가족 명의의 회사 주식도 전부 회사에 기부하였다. 회사를 살리기 위해 그가 할 수 있는 것은 다 했지만 이듬해 1월 말 회사는 부도가 나고 말았다. 1987년 창업 이래 11년 만이었다. 민사고의 든든한 뒷배였던 파스퇴르유업이 부도가 나자 학교도 흔들렸다. 부도 이후 경영에서 손을 뗐으나 채권단의 요청으로 다시 회사 경영에 복귀하였다. 복귀 조건은 민사고에 대한 지원을 계속한다는 것 하나뿐이었다.

1998년 10월, 춘천지법에서 파스퇴르유업의 채무이행을 당분간 동결하는 화의 개시 명령을 내렸다. 이를 계기로 회사가 살아날 기미를 보이자 소비자들이 돌아왔고 매출도 늘어나기 시작했다. 99년에는 전성기 매출 3분의 2 수준으로 회복되어 채무도 빠르게 갚아나가기 시작했다. 그런데 예기치 않은 일이 생겨났다. 2000년 봄부터 그의 몸에 이상 신호가 울렸다. 그의 나이 만 73세였다. 의사는 좀 쉬라고 했다. 아내와 함께 모처럼 제주도로 휴식을 취하러 갔다가 호텔 사우나에서 전신 85%의 화상을 입게 됐다. 몇 차례의 피부이식 수술과 재활을 통해 상당 부분 회복하였으나 외부 활동은 그걸로 끝이었다.

그나마 다행인 것은 어려운 여건에서도 민사고가 순항하였다. 부도 사태 이후 민사고는 학비를 내도록 방침을 바꿨으나 학교의 지향점은 예전 그대로 유지하고 있다. 1999년 개교 이래 2021년까지 하버드대 13명, 예일대 20명 등 985명을 해외 유명 대학에 진학시켰다고 한다. 서울 강남 학원들 중에는 민사고반을 따로 편성한 곳도 많고, 심지어 해외 유학생들의 역유학 현상도 생겨났다. 민사고는 명실공히 '국내 최고의 명문고'라는 명성을 얻게 됐다.

국내에는 성공한 기업인이나 자본가가 수없이 많다. 그러나 그들 가운데 육영사업에 뜻을 세워 거금을 투자하고 혼신의 정열을 바친 사람은 드물다. 아직도 국내 사학재단의 대다수는 교육사업을 명예와 돈벌이 사업으로 인식하고 있다. 그러나 그는 분명히 달랐다. 돈을 쓰는 자세, 교육을 바라보는 시선이 달랐다. 그가 아니었으면 민사고와 같은 형태의 학교는 이 땅에 등장하지 못했다. 옹고집과 뚝심 하나로 그는 자신이 세운 뜻을 끝내 관철시켰다. 그의 자서전 제목은 〈20년 후 너희들이 말하라〉. 그의 말대로 20년 후에는 이 땅에도 노벨상 수상자가 나오지 않을까 싶다. 2022년 6월 26일 그는 95세로 타계했다.

자유로운 삶 살다간
'농부 작가'

송성영

"아빠의 죽음을 슬퍼하지 마라.
죽음은 또 다른 생을 위한 발걸음이니.
아빠는 웃으며 가련다.
진정으로 행복한 삶을 실기 바란다.
다시 강조해서 말하지만 그러다 보면 분명
어디선가 무엇으로든 나를 만날 수 있다.
우리의 마음자리가 참마음에 가깝다면
어느 생애에 너희들의 스승이거나
너희들 제자이거나 혹은 도반이거나
반드시 만나게 될 것이다.
부지런히 마음자리를 닦아 정진해서 만나자꾸나"

올 6월 22일자 오마이뉴스에 낯선 인물의 부음기사가 하나 실렸다. 오마이뉴스 대전·충남 주재 심규상 기자가 쓴 기사였다. 망자는 올해 62세로 사망한 송성영 씨. 심 기자는 그를 '자유로운 삶을 일궈온 농부 작가'라고 소개했다. 또 철학자이자 여행자, 생태적 삶의 실천자라고도 부연했다. 그러나 대중적인 관점에서 볼 때 그는 소위 '명사' 급에 드는 인물은 아니다. 그의 부음은 오마이뉴스에만 실렸는데 이는 생전에 그가 오마이뉴스 시민기자로 왕성하게 활동한 인연 때문이었다.

## 제 뜻대로 한 길을 산 '보통 사람'

앞에서 소개한 열 한 분은 나름의 명성과 권위를 가진

인물이라고 할 수 있다. 그러나 자신의 뜻대로 사는 삶이 이런 명사들에게만 가능한 것은 아니다. 마음먹고 뜻을 세워 한길로 살려고 하면 '보통 사람'도 얼마든지 가능하다. 그런 사례로 꼽은 인물이 바로 송성영이다. 열 한 분의 경우 자서전이나 일대기, 평전 같은 것이 있어서 그들의 삶과 사상을 제대로 살필 수 있었다. 송성영의 경우 그 자신이 작가여서 여러 권의 저서를 남겼다. 그러나 정작 자신의 삶을 온전히 기록한 것은 없어서 그의 큰아들 송인효의 도움을 받았다.

송성영은 1960년 대전에서 7남매의 셋째로 태어났다. 그의 집안 형편이나 성장기의 기록은 자세히 남아 있지 않다. 대전에서 숭전대학교(현 한남대) 불문과를 졸업하고 80년대 후반에 상경한 그는 잡지사 기자로 사회생활을 시작했다. 대학 선배인 고 윤중호 시인의 소개로 〈금강〉이라는 잡지 편집장을 지냈다. 당시 이 잡지는 사회문제를 주로 다뤘는데 그는 주로 분쟁지역 취재를 담당했다. 이어 전교조 해직교사 출신의 국선도 사범 유인학 씨와 인연이 닿아 〈명상〉이라는 잡지에서 활동하기도 했다. 이때 그는 단전호흡법이나 참선 수도 등 정신세계 분야의 취재를 맡았다.

잡지사 기자 생활은 그리 길지 않았다. 3~4년 정도 기자 생활을 하다가 90년대 초반부터 도道에 관심을 갖게 됐다. 평소 정신수양에 관심이 많았던 그는 도를 공부하기 위해 전국을 떠돌았다. 한때 계룡산에서 산 생활을 하면서 수양을 하기도 했다. 급기야 그는 명상의 본고장인 인도 여행을 계획하였다. 여비 마련을 위해 당시 전자통신연구소에서 발행하던 잡지에 르포기사를 싣기도 했다.

94년 초, 그는 대전MBC에서 프리랜서 방송작가로 활동하기 시작했다. 방송국 일은 2010년까지 얼추 16년간 계속하였다. 94년 11월에는 부산 출신의 서양화가 여성을 만나 결혼하였다. 형제들의 도움으로 대전에 아파트를 마련해 살림집을 차리고 글 쓰는 일을 하면서 지냈다. 얼마 뒤 첫 아이가 태어나면서 그는 보통 사람의 소박한 일상 속으로 빠져들었다. 이것이 진정한 행복인가 싶기도 했다. 그러나 그런 평범한 삶은 그리 오래 가지 않았다.

비록 길진 않지만 산 생활을 했던 그에게 아파트 생활은 마치 감옥과도 같았다. 게다가 생계를 위해 글쓰기를 하는 것도 답답하기 그지없었다. 적잖은 수입이었지만 세 식구가 도시에서 생활하기에는 늘 부족했다. 갈수록 삶은 고단했고, 고통스러웠다. 그는 적게 벌어 적게 먹고사는 방법을 찾기로 하고 마침내 일탈을 꿈꾸었다. 그는 짬을 내 시골의 빈집을 수소문하기 시작했다.

그러던 중 공주 계룡산 갑사 부근에서 마땅한 빈집을 하나 발견했다. 흙벽으로 지어진 남향집이었는데, 사랑채는 반쯤 쓰러져 있었다. 2년 넘게 사람이 살지 않아 훈기라고는 찾아볼 수 없었다. 그러나 그 집 마당엔 봄 햇살이 가득했고, 사랑채 바로 옆에는 작은 개울이 흐르고 있었다. 집값은 2백만 원. 소유권 등기를 전제로 한 매매는 아니었고, 단지 그냥 살도록만 해주는 조건이었다. 집 주변의 땅은 사용료 대신 1년에 쌀 몇 말씩 내면 그만이었다. 그가 오랫동안 찾아 헤매던 바로 그런 집이었다.

이튿날 ㄱ는 평소 산골 생활을 동경해오던 아내를 설득하여 그 집을 계약했다. 재활용품을 이용해 큰돈을 들이지 않고 집수리도 마쳤다. 그렇게 꿈꿔오던 시골 생활의 터전이 마련되었다. 이곳에 살면서 한 달 생활비는 대략 60만 원 정도면 그럭저럭 살아갈 수 있었다. 도시로 치면 물론 최저생활 수준이었다. 그러나 도시의 아파트에 살면서 생활비로 아내와 지지고 볶고 하던 생활은 막을 내렸다. 공주 산골에 사는 동안 그는 단 한 푼의 빚도 없이 지냈다.

그러나 산골 생활이 겉으로 보이는 것처럼 여유롭고 감상적인 것만은 아니었다. 제일 고통스러워한 사람은 그의 아내였다. 어느 하나 편리하고 만족스럽지 못했다. 아이들 목욕시킬 공간은 고사하고, 산기슭에서부터 호스를 통해 졸졸 흘러나오는 감질나는 식수, 텃밭의 가축 분뇨 냄새, 비가 내리면 질벅거리는 마당 등등. 게다가 슈퍼마켓은 고사하고 구멍가게 하나 없고, 동네엔 전부 노인들 뿐이어서 말 상대조차 없었으니 아내가 얼마나 답답했을지 이해가 갔다. 오죽하면 산막을 방문한 그의 장모가 30분도 안 돼 일어나서 가버렸겠는가.

## 대자연의 품에서 새사람이 된 아내

그런데 한 3년쯤 지나자 아내가 달라지기 시작했다. 화장독처럼 부어있던 얼굴의 부기도 빠지고 또 변비며 환절기 때마다 고생하던 고질적인 기침도 사라졌다. 무엇보다 반가운 것은 돈 걱정하던 불안증이 사라졌다는 것이다. 아내는 대자연의 품에 안겨 살면서 마음의 안정을 되찾아 새사람으로 거듭났다. 산골 생활 6년 차가 될 무렵부터는 세탁기 대신 개울가에서 빨래 방망이 두드리기를 좋아하였으며, 아궁이 불을 지피기 위해 운동 삼아 땔나무를 하러 다니기도 했다. 아내는 이런 자신의 변화를 대자연이 선사한 선물이라고 했다.

아내가 안정을 되찾으면서 그의 산골 생활에 큰 힘이 되었다. 방송작가로 월 1회 대전MBC에 출근하는 것 말고는 거의 자유시간이었다. 2002년 봄부터 그는 오마이뉴스에 시민기자로 가입해 글쓰기를 시작했다. 주로 산골 생활 이야기와 여행기를 썼는데, 현장감 있고 재미난 문체로 독자들로부터 큰 호응을 얻었다. 그 덕분에 그는 2006년과 2010년 두 차례에 걸쳐 '올해의 뉴스 게릴라상'을 수상하기도 했다. 그는 위암 투병을 하던 2021년 9월까지 오마이뉴스에 무려 660여 건의 기사를 썼다. 오마이뉴스에서 그는 '스타 시민기자'였다.

글쓰기 다음으로 그는 소박한 일상을 즐겼다. 공주 생활 당시 그의 '재산목록 1호'는 다름 아닌 캠코더였다. 집값이 200만 원인데 캠코더는 300만 원을 주고 샀으니 그럴 만도 하다. 그는 이 캠코더로 가족들의 삶을 단편영화로 찍었다. 방송국 일을 하는 덕분에 촬영, 편집은 그가 전부 해결했다. 제작비는 6밀리 테이프 구입비가 전부였다. 당시만 해도 고가장비였던 캠코더를 활용해 그의 가족은 산골 오지에서 문화생활을 즐겼다. 그가 만든 단편영화 〈알〉은 '시민영상제'에 출품해 대상을 받기도 했다.

그는 많은 시간을 흙과 더불어 지냈다. 손수 텃밭을 일궈 상추며 쑥갓, 아욱 등을 길러 자급자족하였다. 사람 손이 닿지 않은 쑥대밭을 갈아엎고 밭을 일구는 일은 쉽지 않았다. 10여 평을 일구는 데 닷새나 걸렸다. 그는 밭을 애인처럼 여기며 정성으로 일궜다. 그런데 밭을 다 일구고 나면 땅임자가 나타나 밭을 내주어야만 했다. 그는 짝사랑하던 애인을 빼앗기듯이 서운했지만 어쩔 수 없었다. 무려 세 차례나 그런 일을 겪었다. 그럴 때마다 어린 아들은 "아빠, 우리는 밭이 없어?" 하면서 물었고, 그는 매번 "우리가 일구면 그게 우리 밭인 겨!"라며 퉁명스럽게 말하곤 했다.

80킬로가 넘는 거구에다 수염이 덥수룩한 그를 두고 사람들은 산도적같이 생겼다고 했다. 그는 그 말을 싫어하지 않았다. 산신령 허락도 없이 산에서 많은 것을 '도둑질'했으니 틀린 말은 아니었다. 산은 그의 벗이자 생활의 안식처였다. 그래서 가급적 성한 나무는 손대지 않았다. 주로 썩어 나자빠진 나무들을 주워다 땔감으로 썼다. 그것마저도 욕심부리지 않았다. 지게에 지는 무게는 자신의 욕심의 무게라고 여겼다. 어쩔 수 없이 생나무를 벨 상황이 닥치면 나무에게 '미안하다', '고맙다'고 말하는 걸 잊지 않았다.

겨울이 되면 아이들 옷이 큰 걱정거리였다. 수입도 변변치 않은데다 근처에 옷가게도 없었다. 그런데 그는 아이들 옷을 거의 사 입히지 않고 지냈다. 엔간한 것은 집에서 해결했다. 재봉틀을 다룰 줄 아는 아내는 어른들 헌 옷을 얻어와 가위질과 재봉질로 옷을 만들어 입혔다. 만들어 입히기 어려운 겨울옷은 사촌들이나 이웃의 도움을 받아 해결했다. 한번은 고종사촌 형님이 옷을 한 보따리 보내왔는데, 그 속에 겨울 신발, 장난감, 책까지 들어 있었다. 마치 횡재라도 한 기분이 들었다. 쓰던 물건이라서 주시는 분들은 미안해했으나 아이들은 그런 거 따지지 않았다. 헌 옷 덕분에 자연도 살리고 인심도 살렸으니 그는 헌 옷을 하늘이 준 선물이라고 여겼다.

그의 수입은 방송작가 활동 수고비 말고는 달리 없었다. 그래서 생각해낸 것이 채소 꾸러미였다. 산에 지천으로 널려 있는 머위와 취나물, 그리고 텃밭에서 키운 상추, 쑥갓, 아욱, 브로콜리, 근대 등으로 꾸러미를 만들어 몇몇 지인들에게 공급하였다. 가끔 직접 담근 된장이나 고추장, 청국장, 오디잼을 덤으로 넣기도 했다. 한 달에 두 차례 채소 꾸러미를 꾸렸는데, 한 꾸러미 가격은 2만 원. 대전 시내에 공급처가 다섯 군데 있었다. 지인들이 그를 도와주는 셈 치고 채소를 받는데 그에겐 큰 도움이 됐다. 어쩌다가 배달

길에 아들 녀석이 동행하면 대전에서 만두나 짜장면을 사 먹이곤 했다. 적게 벌어 적게 쓰는 삶을 실천하면서 이것이 진정한 행복이라고 여겼다.


## 산골 생활과 '개발지상주의'

그러나 산골 생활이라고 해서 조용하기만 한 것은 아니었다. 거기도 사람 사는 곳이다 보니 이런저런 갈등과 잡음이 생겨났다. 사소한 집안일로 아내와 티격태격 다투기도 하였고, 땅 주인들의 아니꼬운 위세도 참고 넘겨야만 했다. 소작농의 설움을 그는 톡톡히 맛봤다. 공주 시절 가장 참기 어려웠던 일은 그가 사는 집 주변으로 호남고속철도가 뚫리면서였다. 공사 과정에서 뭇 생물들의 삶이 파괴되는 것이 제일 마음 아팠다. 과도한 개발지상주의를 비판하였으나 아무도 주목하지 않았다. 얼마 뒤에 집 뒤쪽으로 호남고속철도가 생기면서 그는 결국 거처를 옮겨야만 했다.

새로 살 집을 찾고 이사를 할 일이 큰 걱정이었다. 그의 수중에는 그럴만한 목돈이 없었다. 그런데 뜻하지 않게 아내가 그간 몰래 모아뒀던 목돈을 그에게 조용히 내밀었다. 무려 3천만 원, 당시로선 거금이었다. 집 옆에 외양간을 고

쳐 만든 화실에서 동네 아이들에게 그림을 가르치며 조금
씩 모았다고 했다. 기쁜 소식은 또 있었다. 사업하는 지인
에게 빌려준 돈 2천만 원을 뒤늦게 돌려받았다. 그는 전국
을 돌며 새 보금자리를 찾아 나섰다. 그러다가 발견한 곳이
전남 고흥의 바닷가 마을이었다. 졸지에 생긴 돈으로 땅도
1,500평 정도 사고 집도 무리해서 새로 지었다. 한 마디로
기적 같은 일이었다.

농사일을 하면서 그는 동네 아이들에게 글짓기를 가르
쳤다. 또 마을 주민들을 위해 작은 도서관을 꾸려 운영하
였다. 중학교를 졸업한 두 아들은 충남 홍성에 있는 풀무농
업기술고등학교에 입학시켰다. 한국에서 가장 오래된 대안
학교인 이 학교는 무교회주의 기독교 정신을 따르는 학교
로 농업을 기본으로 가르쳤다. 공주 시절부터 그는 아이들
을 '야생'으로 키웠다. '학교 가기 싫으면 가지 말라'고 했고,
'돈을 줄 테니 가출 한 번 해보라'고 부추기기까지 했다. 강
요가 아닌 가르침이었다. 그는 두 아이에게도 자유인의 삶
을 이식했다. 그렇게 자란 두 아들은 기타를 치고 작곡하고
노래 부르는 또 다른 자유인으로 성장했다.
고흥으로 이사한 후 그는 아내와 다투는 일이 잦았다.
두 사람의 다른 가치관이 마침내 충돌하고 말았다. 아내는

평범한 사람들의 소박한 일상을 추구하였다. 반면 그는 사람들과 교류하면서 베풀기를 좋아했다. 고흥에 집을 새로 지으면서 아내는 이곳을 펜션으로 꾸려 수입을 내길 기대했다. 반면 그는 이곳을 자유로운 삶의 터전이자 방문객들의 사랑방으로 쓰고자 했다. 이 문제를 놓고 두 사람은 자주 다투었다. 아내와의 갈등 끝에 그는 2016년 6개월간에 걸쳐 '끈 풀린 개처럼' 인도를 떠돌아다녔다. 아내에 대한 분노에 사로잡힌 자신을 발견하고 자신의 어리석음을 풀어내고자 함이었다.

결국 아내와 이혼하면서 고흥 집을 정리하였다. 그 무렵 그는 전남 구례에서 잠시 지내다가 2016년 말 충남 서산의 해미로 거처를 옮겼다. 해미의 산막은 달랑 집 한 채에 방 두 칸짜리 초가삼간이었다. 서산에 사는 지인들을 만나러 갔다가 가야산 자락의 이 산막이 마음에 들어서 이리로 거처를 옮기게 됐다. 월세는 10만 원, 집 뒤에는 조그만 텃밭도 일궜다. 이 공간에서 '배부른 잔치'라는 이름의 음악회를 몇 차례 열기도 했다. 전국에서 많은 사람들이 놀러 왔었는데 비용은 자발적인 성금으로 해결하였다.

## "아빠의 죽음을 지켜봐라"

2018년 늦가을, 곶감이 한창 당도를 높일 무렵이었다. 그는 화장실에서 변을 보고 나오다가 갑자기 눈앞이 침침해지더니 심한 빈혈로 땅바닥에 쓰러지고 말았다. 서산 병원의 의사는 위암이라며 전부를 잘라내야 한다고 했다. 수술을 해도 5년 정도 생존하며, 그 이상 살아남을 확률은 반반이라고 했다. 그는 그 반반의 선택에서 수술하지 않기로 했다. 암과 다투기보다 암과 동행하면서 자연치유를 하기로 했다. 두 아들에게 "아빠의 죽음을 지켜봐라. 니들 한티 큰 인생 공부가 될 거다"라고 말했다.

자연치유를 시작한 지 3개월 정도 지날 무렵 위벽에 극심한 통증이 이어졌다. 근근이 통증을 다스리며 지내던 2021년 2월 말쯤 통증이 극에 달해 초죽음 상태가 되었다. 한창때 85kg이나 나가던 체중이 54kg으로 급격히 줄었다. 갈빗대가 앙상하게 드러날 정도였다. 그 몸으로 큰아들과 목욕탕에 가서는 "아부지 갈빗대로 기타 쳐도 되겠다 잉?" 하며 농담을 하기도 했다. 뒤이어 혈변과 함께 위출혈이 잦아 병원에 입원해 긴급 수혈을 받아야만 했다. 급기야 그는 죽음의 강 앞에서 배수진을 치면서 영정사진을 찍고 유서를 작성했다.

올 5월 19일, 입원한 지 열흘 만에 퇴원하였다. 병원에서 해줄 수 있는 것은 거기까지였다. 그는 부질없는 희망에 더 이상 연연하지 않기로 했다. 하루를 살더라도 한 생처럼 살고자 했던 그 마음자리를 되찾고 싶었다. 그는 아들한테 이제 살 만큼 살았으니 임종을 준비하라고 했다. 이튿날 그는 스님으로 있는 동생의 소개로 한 절로 거처를 옮겼다. 5월 22일부터 상태가 악화되더니 26일 들어 탈진과 탈수증세가 심각해 119를 불러 응급실로 급히 호송되었다. 의사는 그가 수일 내에 급사할 거라고 했다.

5월 30일, 아내가 병문안을 왔다. 두 사람은 10년 만에 만나서 묵은 감정을 털고 화해하였다. 6월 2일, 마침내 임종의 날이 다가왔다. 오후 9시경, 그는 의식을 잃고 호흡곤란 증세를 보였다. 두 아들은 119를 부를지 고민하다가 아버지의 뜻대로 아버지를 고이 보내드리기로 했다. 그리고는 애써 침착하게 "아빠, 이제 보내드릴게. 나무아미타불 불러드릴 테니 빛을 따라 훨훨 자유롭게 편히 가세요"라고 말했다. 그로부터 20분 정도 지나자 그는 거친 호흡을 멈추었다. 그리고는 이내 평온한 상태로 들어갔다. 그의 나이 62세였다.

일찍이 산 생활을 경험한 그는 끝없는 자유를 갈구하였

다. 세속의 문명을 거부하고 힘들게 살면서도 자신이 선택한 길이었기에 끝내 자유와 맞바꾸지 않았다. 때론 야생마처럼, 때론 아이처럼 자유인의 삶을 끝까지 추구하였다. 큰아들 인효에 따르면, 그는 '만족'이라는 단어가 부족하리만큼 자연 속에서의 생활을 좋아하고 만족했다고 한다. 그래서 임종 역시 병원이 아니라 산속의 절을 택했다. 한평생 그는 자신의 뜻대로 글쟁이, 철학자, 방랑자, 그리고 자유인으로 살다 갔다. 그가 두 아들에게 남긴 감동적인 유언은 아래와 같다.

"너희들이 진정으로 기쁘게 할 수 있는 일을 해라. 안 좋은 습관은 버리고 좋은 습관을 기르다 보면 꽃피면 열매가 맺히듯 진정한 행복이 저절로 찾아온다. 반드시 명심해라. 그 행복한 습관이 너희들 몸과 마음에 배어드는 순간 반드시 내가 너희 곁에 있게 될 것임을.
주변 분들에게는 항상 늘 고마운 마음이었다고 전해라 그분들이 있어 행복했다고. 내가 너희들을 사랑한 것처럼 주변 사람들을 사랑하고 자비를 베풀어라, 그게 마음이든 물질이든 가능한 모든 것을 베풀어라. 베풀고 사랑하는 만큼 모든 것이 너희들에게 돌아갈 것이다.
내 화장한 뼛가루는 집안사람들 의견을 존중해 일부는

유골함에 담아 할아버지 산소 옆에 묻어두고 조금 남겼다가 고흥 바다에 뿌려 물고기 밥으로 주고 나머지는 아무것도 없는 삭막한 히말라야 북인도 문시아리 언덕 주변에 갈 기회가 있으면 거기서 바람에 날려라. 그래야 너희들이 히말라야를 종종 찾아갈 게 아니냐. 히말라야 4천 고지 이상 되는 곳 아무도 없는 정적만 흐르는 막막한 곳에 홀로 걷다 보면 너희들이 갈길, 인류가 가야 할 길이 무엇이며 진정한 행복이 무엇인지 알게 될 것이다. 아빠의 죽음을 슬퍼하지 마라. 죽음은 또 다른 생을 위한 발걸음이니. 아빠는 웃으며 가련다. 진정으로 행복한 삶을 살기 바란다. 다시 강조해서 말하지만 그러다 보면 분명 어디선가 무엇으로든 나를 만날 수 있다. 우리의 마음자리가 참마음에 가깝다면 어느 생애에 너희들의 스승이거나 너희들 제자이거나 혹은 도반이거나 반드시 만나게 될 것이다. 부지런히 마음자리를 닦아 정진해서 만나자꾸나."

# 참고문헌

---

- 대한불교조계종교육원 부처님생애편찬위원회, 〈부처님의 생애〉,
  조계종출판사, 2022
- 이문영, 〈김삿갓의 지혜〉, 정민미디어, 2020
- 심경호, 〈김시습 평전〉, 돌베개, 2021
- 허경진, 〈허균 평전〉, 돌베개, 2018
- 신용철, 〈이탁오〉, 지식산업사, 2013
- 야마다 쇼지, 〈가네코 후미코〉, 정선태 옮김, 산처럼, 2003
- 안재성, 〈박열, 불온한 조선인 혁명가〉, 인문서원, 2017
- 스콧 니어링, 〈스콧 니어링 자서전〉, 김라합 옮김, 실천문학사, 2020
- 헨리 데이빗 소로우, 〈월든〉, 강승영 옮김, 은행나무, 2015
- 김삼웅, 〈장일순 평전〉, 두레, 2019
- 정운현, 〈임종국 평전〉, 시대의창, 2006
- 최명재, 〈20년 후 너희들이 말하라〉, 아침나라, 2011
- 송성영, 〈촌놈, 쉼표를 찍다〉, 삶이보이는창, 2012
- 기시미 이치로·고가 후미타케, 〈미움받을 용기〉, 전경아 옮김, 인플루엔셜,
  2015
- 그밖에 신문과 잡지 기사, 관계자 증언 등을 참조하였음